卡斯特罗时代

中国大使亲历纪实

谨以此书表达我们对菲德尔·卡斯特罗同志的敬意！

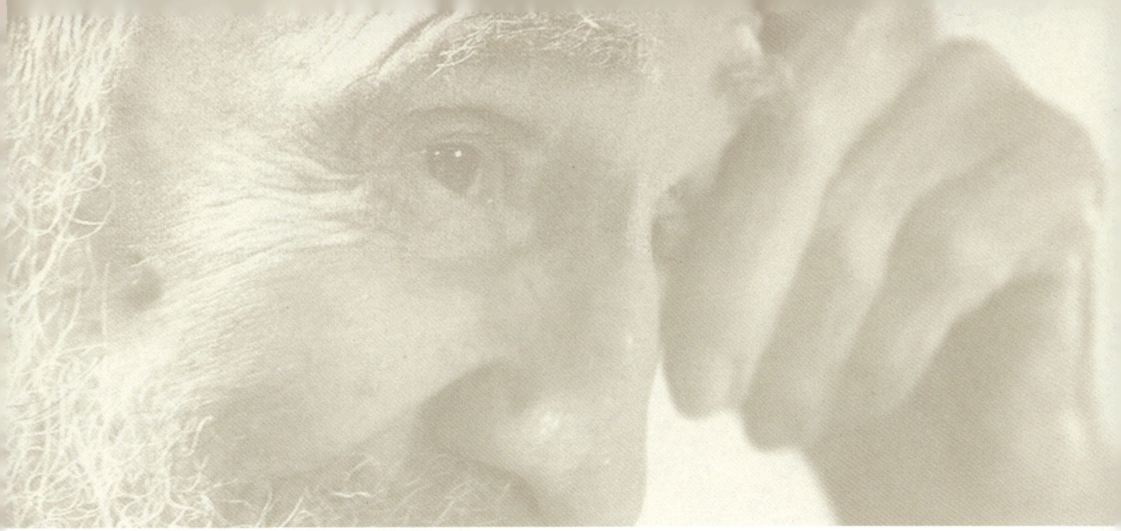

卡斯特罗时代

中国大使亲历纪实

赵荣宪 杨锡军◎著

外文出版社
FOREIGN LANGUAGES PRESS

卡斯特罗儿时的照片。

卡斯特罗故居中珍藏的老照片。

2005年11月12日，卡斯特罗在没有事先通告的情况下，突然造访中国使馆。

2005年11月12日，作者到古巴的第四天，在尚未递交国书之前便见到了卡斯特罗。

2006 年 2 月卡斯特罗来使馆做客。

2006 年 2 月，在卡斯特罗的亲自过问下，中国大使有了新的官邸。这是 2009 年底装修竣工的新官邸一角。

2006 年 4 月作者与卡斯特罗合影。

古巴 50 万人的“五一劳动节”庆祝游行。

与劳尔·卡斯特罗（菲德尔·卡斯特罗之弟，古巴共和国现任主席）就古巴经济政治形势进行交流。

设在古巴的美国利益照管处门前的黑旗阵。

卡斯特罗从小长大的地方——比兰镇上的故居。

卡斯特罗家的老车（20 世纪 20 年代）。

卡斯特罗病房前的照片，摄于 2007 年 4 月。

卫生部长向参与古巴赴中国四川汶川地震医疗救援队的中国留学生颁发证书。

证书上有卡斯特罗的亲笔签名。

作者夫妇二人与卡斯特罗的合影。

2009 年 9 月 30 日，劳尔率古巴高层来中国使馆观看我国庆庆祝活动及阅兵式。

与在古巴哈瓦那大学学习的中国留学生合影。

作者夫妇与古巴医学院中国留学生合影。

作者夫妇与医学院的古巴老师合影（左三为中国留学生项目负责人利塞特）。

与时任古巴高教部长米格尔·迪亚斯－卡内尔。

在第五批留古学生开学典礼上讲话。

作者夫妇与卡斯特罗话别。

作者夫妇与古巴驻委内瑞拉大使波兰科夫妇。

序 言

2016年11月26日上午，朋友给我发来消息，古巴现任领导人劳尔·卡斯特罗刚刚在古巴电视台发表讲话宣布，菲德尔·卡斯特罗于当地时间25日晚逝世，享年90岁。

北京与哈瓦那的时差是13小时，那应该是刚发生的事情。卡斯特罗，一代传奇伟人，古巴和世界各地很多民众热爱他；美国及古巴的敌对势力却恨他入骨，美国对他策划过数百次暗杀行动，西方媒体时有报道关于卡斯特罗去世的消息，对此我已是习以为常，听多了也就见怪不怪了。

但这一次是可靠的朋友告诉我。震惊之余，我连忙上网，关于卡翁逝世的消息陆续出现，劳尔讲话的视频亦可看到。这一次是真的，卡斯特罗在患病10多年之后，在90岁高龄逝世了。

卡斯特罗的离去令我痛心，也使我回想起与

他交往的日子。

古巴，在我的外交生涯中占有重要位置。入职外交部后，我被外派常驻的第一个国家就是古巴；后来我被任命大使出使的第一个国家也是古巴。两度常驻，前后八年，加上在国内工作时曾经主管过古巴事务，我与古巴有着不解之缘。

第二次赴古巴工作是 2005 年 11 月。在我到任的第四天，在作为大使尚未递交国书之时，卡斯特罗就未经通告地前来使馆做客，给了我一个大大的惊喜。在之后我在古巴工作的四年多时间里，在卡斯特罗和劳尔主席的直接关照下，我走访了古巴的几乎所有省份，对古巴、古巴人民和古巴革命有了更加全面的了解，这给予我的工作很大的帮助。

在世人的眼中，古巴是贫穷的。的确如此。在物质上，古巴不富裕，生活中的日常供应是定量的，如同我们改革开放之前一样，每户有一个供应本，按人口定量供应米面油肉以及肥皂、洗衣粉等生活用品。但古巴的分配是公平的，比如，我在古巴的时候，6 岁以下的幼儿配给牛奶，7 至 14 岁的少年儿童配给豆奶，70 岁以上的老人配给奶粉，匮乏的物资得到了合理的分配。

古巴人享受的高福利是令人羡慕的。住房由国家分配，虽不是很大，但居者有其屋；古巴的教育预算占国内生产总值的 13%，是全世界最高的，小学至大学的教育全部免费，古巴人上学无忧；全民医疗免费，大病住院，可以家属陪护，病人和家属的一日三餐医院全包。我们使馆一位同事的孩子曾因病住院一周，孩子的妈妈陪护。出院时，孩子爹怀揣几百美元去接人，很是忐忑不安，唯恐钱带少了，却不想医院分文不取，还给孩子带上了未吃完的牛奶，令我们的同事十分感动。古巴的单位、街道、学校、幼儿园等均提供午餐，部分缓解了家庭的食品供应不足。我曾在古巴的几个部委职工食堂与他们的部长一起吃过饭，饭虽简单，但官民一样，大家吃得满意，其乐融融。难怪世界卫生组织总干事陈冯富珍访问古巴见到我时感叹：在古巴，真的看不到面黄肌瘦的人们，孩子们活泼可爱，年轻人阳光开朗，世界卫生组织对古巴的民众健康给予很高评价。

这就是卡斯特罗的治国理念。卡斯特罗是一个理想的社会主义者，是传统社会主义理论的忠实信仰者和勤奋实践者。他要让全体古巴民众享受到社会主义的优越性。在世界风云不断变幻的当代，他有过迷茫，有过不解，但他紧跟形势，认真思考，潜心学习，尝试改革，同时又坚持信仰，绝不随波逐流。这也是他执掌古巴党政军大权 47 年，始终受到国人拥护和爱戴的原因。老百姓理解卡斯特罗，支持卡斯特罗。

卡斯特罗在被美国人视为“后院”的拉丁美洲，在美国人的眼皮底下，在美国对古巴实行半个多世纪制裁和封锁的情况下，对抗 10 多位美国总统，带领古巴人民，坚持社会主义红旗不倒，书写下一段不朽的传奇。古巴，这个只有 11 万平方公里国土面积的小岛国，因为卡斯特罗而声名鹊起。卡斯特罗的影响早已超越了国界和地区，使他成为世界级的领袖人物。他的一颦一笑，一举一动无不吸引世人的目光，引起舆论的轰动效应。

卡斯特罗逝世，习近平主席第一时间向古巴国务委员会主席兼部长会议主席劳尔发去唁电，称卡斯特罗“为世界社会主义发展建立了不朽的历史功勋”；“是我们这个时代的伟大人物”；并亲赴古巴驻华使馆吊唁。很多中国民众也自发地前往古巴驻华使馆悼念，表达对这位世界伟人的景仰。

我在古巴的几年，亲历了卡斯特罗突患重病、因病辞职、古巴进入“后卡斯特罗时代”等重大事件。在古巴的日子里，我有幸多次见到卡斯特罗，并多次接到他亲自打来的电话，与他零距离的亲密接触，聆听他畅谈世事，针砭时弊，感受他活跃的思维，深刻的思考，受益匪浅。卡斯特罗称我为“朋友”，在我离开古巴后，我们仍有书信、电话往来，保持着联系，这于我是莫大的荣幸。

卡斯特罗平易近人，个人魅力十足，拥有巨大的亲和力和感召力。时常可以看到他在民众中间，亲切交谈，关心询问。他走到哪里，哪里就是一片欢声笑语。古巴人亲切地直呼其名“菲德尔”，或称他“总司令”；而我们则按照中国人的习惯称他“老卡”，亲切又自然。我愿通过此书，将我在古巴四年与卡斯特罗的交往，以及在古巴听到、看到的有关卡斯特罗的各种传闻轶事与大家分享。同时，愿我们的外交工作走出神秘的殿堂，让广大民众得以了解。

本书由我夫人杨锡军执笔，这也是我们共同的一份回忆。谨以此书作为献给卡斯特罗的一份纪念。我们深深地怀念他，历史和人民将永远记住他！

赵荣宪

杨锡军

目　录

第一章　初识卡斯特罗

一、卡斯特罗做客记

2005年11月12日，抵达古巴的第四天，我在使馆与来古巴访问的国家环保总局局长解振华共进工作晚餐。

大约晚上8点左右，卡斯特罗主席突然到访。当我得知消息时，卡斯特罗的随身警卫已在敲门了。

这太出乎大家的预料了！

以往卡斯特罗到中国使馆做客，都是提前半天古方安全人员就先行来使馆进行各种检查、布控，使馆门前街道也早早就有士兵守卫了，安全防范工作十分及时到位。而这次，不打招呼人就到了，绝对是老卡的即兴之作。这种卡式“突然袭击”，真搞得我们既紧

张又兴奋。

我们急忙赶到门口迎接。

卡斯特罗独具特点的形象早已深入人心，一点不陌生。他还是那副神采奕奕的样子，高大的个头，挺直的腰背，红润的脸庞，浓密的美髯，迷人的双眸，挺阔的军装……尽管已接近80高龄，却没有一丁点老态，依然是个十足的美男子，浑身上下散发着无穷的魅力。

只见他大步上前，一边与我们亲切地握手问候，一边惬意地调侃："我这是一石二鸟啊，即看望了解局长，也见到了新大使。只是不请自到，是不是太打扰你们了？"

他满脸笑意，就像个恶作剧得逞的孩子，透出的分明是得意和满足。

我们不禁都笑了起来，见到国家最高领导人的拘谨一扫而光。

进入客厅，大家坐下来聊天。

老卡的善谈能辩是出了名的。他的演讲从不需要稿子，就那样口若悬河，5、6个小时是常态，而且听众绝不会感到厌烦、困倦。他的话题广泛而跳跃，却能时时抓住人心，令你不知不觉间跟着他的演讲前行，受到鼓舞和震撼。他那篇著名演说《历史将宣判我无罪》不是时至今日还被广为流传，列为佳作吗？！江泽民主席访问古巴时曾对卡斯特罗做过如是评价：思想清晰、认识敏锐、思维敏捷、逻辑严谨、语言丰富，具有很强的魅力，是一个有吸引力的政治家。

这次老卡依然谈兴甚浓，话题海阔天空。从国际形势、刚刚在阿根廷闭幕的美洲国家首脑会议中各国元首的表现，到古巴派医疗队去巴基斯坦、萨尔瓦多救灾、古巴国内节约能源运动；从中国国家主席胡锦涛2004年对古巴的访问，到古中关系的现状及经贸合作，还鲜有地主动提到中国和古巴关系历史上的曲折以及前苏联对此的影响……林林总总，讲了4个多小时！我们认真地听着，也不时回答他的提问，谈话进行得非常尽兴。

卡斯特罗对胡锦涛主席2004年对古巴的访问记忆犹新。他对胡主席的访问和胡主席本人都给予了极高的评价。他说，胡主席访问古巴非常成功，给我留下了深刻和美好的印象。胡主席年富力强，充满睿智，用“以人为本”理念治理国家，赢得了全世界的尊重。

在谈到中国经济的发展时，卡斯特罗也是大加赞扬。他说，中国近年来已成为世界经济的发动机，对世界的影响越来越大。中国经济的发展潜力巨大，竞争力很强，美国对此无可奈何，印度也赶不上中国，因为印度没有优越的社会制度。

卡斯特罗说，目前两国保持着友好、密切和成熟的关系，这很好。他建议两国在今后可在几个方面加强合作：

一是节约能源方面。他说，中国的产品质量好，能耗低，价格上又有优势。资本主义不给我们贷款，我们愿与中国合作。希望中国能提供援助，帮助古巴节能计划的实施。古巴愿从中国进口冰箱、轿车、机车、发动机等节能产品替代现有高耗电、耗油产品。

二是医药领域。他说，古巴生物技术发达，医生培养充分，在医药方面有所长。我们愿在这方面向中国提供帮助，如在中国中、西部省份合作建立眼科医院，为那里的人民做白内障摘除等手术。

三是为中国培养西班牙语人才。他说，随着古巴和中国关系、拉美和中国关系的不断发展，将来中国将需要大量西班牙语人才。古巴愿为中国免费培养成百上千的西语人才以应对这种需要。

在谈到两国经贸合作时，卡斯特罗还特别强调，古巴从中国进口产品绝不会赖账。

卡斯特罗还坦率地谈到了中国和古巴两国关系因当年社会主义

阵营分裂而经历的曲折。

他说，过去古巴与前苏联关系较为密切。中苏论战时期，苏联把自己的观点强加给古巴，在一定程度上损害了古中关系。古巴在处理中苏关系问题上是有经验教训的，古中关系也曾有过一段困难时期，但现在这一切都已过去了。让我们一起向前看。

卡斯特罗率众于 1959 年推翻古巴前政权，将古巴引向社会主义道路；1960 年便与中国建立了外交关系，成为拉丁美洲第一个与中国建交的国家。上世纪六十年代初期，中国和古巴曾经历了两国关系最初的蜜月期。六十年代中期，随着中国和苏联因意识形态分歧而展开的关于国际共产主义运动和马克思主义理论的论战愈演愈烈，古巴从调停者慢慢转向苏联一边，中国和古巴的关系也随之逐渐冷淡，后来发展到时有相互攻讦，这种局面随着苏联的解体而结束。之后，两国都为发展双边关系做出努力。1993 年，在古巴最困难的“特殊时期”，中国国家主席江泽民访问古巴，成为当年访古的唯一外国国家领导人，令卡斯特罗十分感动；1995 年，卡斯特罗访问中国，亲眼目睹了中国改革开放所取得的成就，对中国的发展有了更加切身的体会。坚持社会主义不动摇的共同信念更是把两国紧紧联系在了一起，两国关系再次变得亲密无间。

卡斯特罗在我们初次见面就谈及两国关系的这段曲折，是那样坦诚，那样率直，这是我没有想到的。

我们一边聊天，一边吃着干果小吃。老卡很喜欢各种干果。核桃仁、花生米、开心果、腰果，他都喜欢，大把大把地吃着，看那神情很是享受。我悄悄让招待员备几盒给他带走，让他回去慢慢享用吧。

老卡是个美食家，且酷爱中餐。他对很多中国菜了如指掌，有空闲时还亲自下厨做上个中国菜。鱼翅汤、烧海参、松花蛋都是他的最爱。还有茅台酒和桂花陈酒，也是爱不释手。到中国使馆做客是他工作闲暇的一种享受，因此，中国大使总是多了别国大使所没有的荣幸，可在自己家里款待老卡。而有些国家大使，一任下来也未必能就近见到他呢。

但这次实在是来不及做他心仪的菜肴了。我对他讲，中国菜肴讲究色香味形，很多菜准备工作繁杂，有些还要提前几天就准备，今天实在来不及了，请他原谅。他笑呵呵地摆手，一再表示，不为吃饭而来，不用准备。但我还是让厨师给他下了碗鸡汤馄饨，聊表心意吧，真感到怪对不住他的，只能和他约好，下次再来使馆吃饭。

临走时，他乐呵呵地向我强调：你是驻古巴大使中第一位还没有递交国书就见到古巴最高领导人的大使，这在古巴外交史上也是从未有过的事情。这表明古、中两国确实是好朋友，是一家人。

不经意间，我摘取了一项第一，很是荣幸，不失为一段佳话。这也为我今后在古巴的工作打下了一个良好的基础。

老卡离去已是子夜时分。4 个多小时的谈话，海阔天空，要时刻紧随他的思路，又要回答他提出的各样问题，搞得我筋疲力尽。刚到古巴，本来时差还没有倒过来（哈瓦那和北京的时差是 13 小时，整个一个日夜颠倒），这两天睡眠一直不好，这下子高度兴奋的神经一时半会平静不下来，夜深人静之时却毫无半点睡意。

送走老卡和代表团后，我一人在使馆宽敞的院子里散起步来，一圈又一圈。呼吸着加勒比清新的空气，思绪连篇。回想多年来我与古巴的渊源，真的很有意思。

卡斯特罗，是我自儿时就已知晓的人物。上个世纪六十年代，一曲由中国人填词作曲的《美丽的哈瓦那》曾风靡中国的大江南北；

“要古巴，不要美国佬”的口号也曾响彻中国的四面八方；那个英俊魁梧的“大胡子”形象早已深入人心。那时还没有“粉丝”这个词汇，但尚在懵懂年龄的我，与我们那一代人一样，已将卡斯特罗视为崇拜和景仰的偶像！

进入外交部，我外派工作的第一个使馆就是古巴。那是八十年代初叶，那时，中国和苏联在意识形态上的对立分歧还没有结束，社会主义阵营中，古巴还站在苏联一边；而我们的改革开放才刚刚开始，卡斯特罗对中国搞市场经济侧目而视，认为背离了传统的社会主义。我那时任大使翻译，每每陪同大使出席古巴举行的活动，都要竖起耳朵，在卡斯特罗长达数小时的演讲中捕捉有关中国的信息，一有不利我们的言辞，要马上提醒大使退席，以示抗议。

九十年代，苏联解体，东欧社会主义国家陆续倒台，美国曾预言，不久的将来倒下的下一张多米诺骨牌定是古巴！此时我在外交部拉美司主管地区调研工作，古巴是我们工作的重点之一。卡斯特罗面对世界共产主义运动的低潮，面对苏联和东欧的失败，认真思考，对中国的改革开放也重新审视和认识。对社会主义，他依然抱有坚定的信念，并开始根据新时期、新变化不断校正自己的认识，跟上时代的步伐。此时的中国再次成为他事业的伙伴和信任的朋友。

再度来古巴工作，我没有想到这么快就见到了卡斯特罗，而且是以这样一种形式！这分明是老卡对我工作的支持。这一点马上得到了证实。

第二天见到古巴外交部同仁，我向他们讲起前一天晚上老卡到中国使馆的造访。他们都惊讶地睁大眼睛，像看到外星人一样的瞪着我，连呼“太意外了！”“不可想象！”随后大家一齐向我祝贺，我成了众人羡慕的目标。

连古巴外交部主管官员都不知道卡斯特罗已来过中国使馆，这也大大出乎我的意料。古巴和我们一样，国家领导人在外事工作中的行程，是由外交部来具体安排落实的。看来这次老卡来中国使馆真是临时动意，想到就做了，除了他身边的警卫人员，谁也没有打搅。老卡的这种行事风格真是和毛主席他老人家当年有一比了，都是到了自由王国，可以天马行空了，怪有意思的。

主管亚太事务的罗德里格斯副外长把我拉到一边，郑重地告诉我，卡斯特罗已有指示给他们，让外交部全力配合中国大使的工作。副外长说，他们会认真按此执行，并嘱咐我，有任何问题直接找他就是了。

卡斯特罗如此重视中古关系，考虑的如此周密，这让我感动。

二、卡斯特罗会见我公司代表

2005 年 11 月 22 日，古巴政府部长卡布里萨斯打来电话，告诉我晚上卡斯特罗主席要会见我们一个公司向古巴出口卡车、客车的项目组人员，请我出席。

在古巴，能见到卡斯特罗可不是件容易的事，很多来古巴访问的外国政要都得不到老卡的接见！卡斯特罗要会见一个普通项目组的人，实在出乎我的意料。

项目组得到消息更是受宠若惊，一时间那里炸开了锅，大家都乐疯了，欢呼着，跳跃着，不知怎么表达高兴的心情。

组长见到我后，既兴奋又紧张的问，大使，实在是没有思想准备，见到卡斯特罗，我们讲些什么好啊？

我说，卡斯特罗能见你们是件好事，说明古方很重视你们这个项目。你主要介绍一下项目情况就行了，其他听老卡讲，他问到什么，你就答什么。

会见是在古巴革命宫二楼的会议室进行的。我们一行人被带进室内等候。这里大概能容纳四、五十人会见会谈，一张长方形的会议桌摆在房间中间，四周摆满了椅子，非常简单，但绝对实用。

这与上次老卡去使馆相隔 10 天。能在这么短的时间里再次见到老卡，我也很高兴。我们坐等没有多久，老卡就进来了。古巴人是拉美人中少有的守时人。

依然是那身标志性的橄榄绿军装，依然是那双炯炯有神的眼睛，依然是那满脸和蔼的微笑，让我感到很是亲切。

老卡第一个向我走来，给了我一个有力的拥抱，然后拍着我的后背，笑着对我说，大使，真高兴又见到你！

那亲热劲，犹如邻家老伯。

我很感动，连忙对他说，总司令，能在这么短的时间里再次见到你，我也很高兴。外交部的同志们已经向我转达了您的指示，他们表示一定积极配合我的工作。谢谢您对我工作的支持。

卡斯特罗点头说道，嗯，工作中有什么困难你就找他们，他们会尽力配合你的。

我再次表示感谢。之后，便向他介绍项目组的人员。

老卡和项目组的同志们一一握手，他的平易近人打消了在场人员的紧张情绪。

会见进行了两个小时。会见中主要是卡斯特罗在讲话，这让项目组的人员松了口气。老卡很会做工作，这次会见的主要目的是让中方在双边贸易中不要再加收保险金。

这次会见安排在晚上，可以看出，这是老卡在工作之余硬挤占了休息的时间。两个小时不算短，一晃时间就很晚了。也是岁数不饶人，我几次看到，在译员进行翻译的时候，老卡的眼皮耷拉下来，脸色略显苍白，在利用这个空当休息一下。一个耄耋老人，日理万机，连这样具体的问题都要亲自过问，亲自出面做工作，实在太难为他了。

会见结束之后，工作人员拿来了事先准备好的礼品袋，里面是卡斯特罗送给我们每个人的古巴特产：朗姆酒和雪茄烟。

卡斯特罗幽默地开着玩笑：古巴也只有这些了，先毒害你们，然后再送你们去古巴的医院。放心，我们有很好的医生。

他的风趣把我们都逗笑了。

朗姆酒是“哈瓦那俱乐部”牌的15年陈酿，雪茄烟是因曾经为老卡特供烟而闻名的“科依巴”，都是古巴特产中的佳品。最难得的是，它们是老卡赠与的礼品，值得好好珍藏。

三、卡斯特罗会见国务委员陈至立

2006年2月9–13日，国务委员陈至立率团访问古巴并出席国际高等教育大会。

2月10日，卡斯特罗会见了中国代表团。

教育部长周济、副部长陈小娅、外交部副部长何亚非、科技部副部长尚远等人陪同陈国委参加会见。

在会见中，卡斯特罗表示，古巴和中国是友好国家，这些年来，两国关系越来越密切，高层互访不断，这非常好。这样做，有力地促进和加强了双方的友谊和相互了解。欢迎你们前来参加国际高等教育大会，希望两国今后不断深化包括教育和科技在内的各个领域的合作。

卡斯特罗还专门讲到古巴要为中国培养西班牙语留学生的事情。

他说，这些年来，中国的经济快速发展，其势头无人可以阻挡，我看好今后的中国。随着中国的不断强大和发展，与拉美国家的合作势必不断扩大和加强，因此，中国会需要大批西班牙语人才。中国给予古巴很多帮助和支持，我非常感谢。古巴在教育上有优势，我们愿在这方面为中国做些事情。我们准备把给中国的留学生名额大大提高，可以增加到800名，从高中毕业生中招生。

老卡考虑问题细致入微，他特别强调，古巴的生活条件不及中国，可以定向招收中国中西部地区的学生来古巴。那里条件相对艰苦，他们会适应得快些。这样做也会给中国贫困地区的学生拓宽接受高等教育的路子。

这对中国是件好事，陈至立对此表示赞赏，很高兴地应诺了。

会见在欢快友好的气氛中结束。告别时我对老卡说，我来到古巴以后，还没有请过您，趁着代表团在，我请您到使馆去吃顿中国饭吧。

对于初来之时，老卡造访使馆未能让他吃上中国饭，我一直耿耿于怀，早就想找机会请他老人家了。

老卡闻言很高兴，当即就答应了下来，并表示他要带领一班人马前往，“让他们也沾沾我的光，好好品尝一下美味的中国饭菜”。

大家都笑了。

12日，我在使馆宴请卡斯特罗和中国代表团。

老卡真的带来了一大批人，有好几个国务委员会副主席、外交部长、高教部长、科技部长、古共意识形态部长等等，还有老卡的儿子小菲德尔·卡斯特罗，共有十来个人。

一进门，老卡就乐呵呵地对我说：“你看，我把他们都带来了。这么多人，你不介意吧？”

我连忙说，欢迎还不来及呢，我真的很高兴。

确实，卡斯特罗来使馆做客，少了会见的正式感和拘谨，多了到家的轻松感和亲切。能够又一次见到老卡，而且我们反客为主，大家都很高兴。

当时使馆的接待大厅正在重新装修，我们是在电影厅摆了一个长桌，双方加起来20多人，相对而坐，济济一堂，气氛很热烈。

卡斯特罗说，中国的文化历史悠久，丰富多彩，是最有魅力的人类古老文明之一。如今，中国经济飞速发展，任何人也无可否认中国是当今世界经济增长的引擎。中国为世界贡献了那么多精美的物品，赢得世人的喜爱。像中国饭，就是中国文化的精华，那么多种不同地域的佳肴，样样精彩，令人不得不爱。

老卡说，他就是中国饮食的粉丝，并说，在家里他还亲自掌勺烹饪过中国菜，家人一致评价味道还不错。

卡斯特罗的一席话把大家都说乐了。一群部长七嘴八舌地打起趣来，有的说，总司令亲自下厨，这样的机会不能错过；有的讲，厨艺怎样我们也得参加打分；更有人直接预定，一定要去老卡家中蹭饭。

我满眼欣赏地看着其乐融融的老卡一班人。手下干部在最高领导面前能够这样的放松、自如，这种和谐的上下级关系实在令人羡慕。中国文化中的君君臣臣、父父子子给中国人立下了太多的规矩，思想观念无形中受到束缚，所以中国人之间的关系相处就显得太沉重了。

席间，又谈到古巴为中国培养留学生的事情。我告诉老卡，现在除了公费留学生外，还有一些中国学生自费来古巴学习，哈瓦那大学有一些，外地的圣克拉拉大学也有不少。

老卡听了问我，自费的学生一年大约需要花费多少钱？

我说，大约需要5千左右红比索（红比索相当于中国上世纪八十年代曾使用过的外汇券，是一种只流通于涉外商店、酒店及涉外场合的货币，1 红比索≈ 1.25 美元。总合人民币约 4、5 万元）。

老卡听后，立即转向高教部长，对他说："听听，中国的学生，在我们这里学习还要花费这么多的钱，你不害臊吗？快举白旗吧！"

高教部长马上承诺，一定认真抓好增加公费中国留学生名额事，今年就落实，进展情况随时汇报。

老卡说，好，这件事你具体负责，我会跟踪你的工作情况。

这之后，中国公费留学生源源不断地来到古巴，自费留学生果然有两年被古方停止接收了。

老卡风趣、幽默，能说善讲，是个极会掌控局面的人，有他在场，场面必定火爆。那顿饭，大家吃得兴高采烈，人人都不知不觉多喝了几杯酒。

饭后，我请老卡同大家合影。这是个难得的机会，绝不能轻易放过。

老卡欣然同意。先是与代表团的同志们照相，然后是和使馆全体同仁，连家属孩子都来了，一起照了合影。老卡不厌其烦，亲切地与大家握手、交谈。看到大家都很高兴，他也高兴地笑了。

这一天，使馆为接待老卡一行和中国代表团上下忙碌，但大家都兴奋不已，忙并快乐着。

13 日，第五届国际高等教育大会在哈瓦那开幕。卡斯特罗出席了开幕式，再次问候了与会的中国代表团。

一次访问，三见老卡，陈国委一行人都心满意足。能见到卡斯特罗不是件容易的事，这大概可以创纪录了。

四、卡斯特罗为我们提供了新的大使官邸

2006 年 2 月下旬的一天，古巴外交人员服务局工作人员给使

馆打来电话，说古方拟为中国大使提供官邸，请大使定时间去看看房子。

古方愿为我们提供大使官邸，这是件好事，大家听后都很高兴。于是我们很快定了时间去看房子。

古巴的行政管理模式和我们相似，外交机构后勤方面的事情都是由外交人员服务局负责。服务局副局长亲自带领我们看了好几处他们管辖下的空闲房产。最终，从方便工作、生活，分离又有联系的原则出发，我们选定了离使馆仅隔一个街区的一处别墅。那里原来是前苏联大使馆的商务处，苏联解体后，俄罗斯对外机构有所压缩，商务处合并到使馆一处办公，所以那处别墅交还给了古方。

选好官邸后，并不能马上使用。闲置多年的房屋已很破败，且我们还要按照自己的使用需求加以改造。我们和古方商定，别墅院落由他们负责整修；楼房内部装修由我们自己搞。

在后来与古巴同志的接触中，我慢慢了解到，为我们提供官邸这件事是卡斯特罗亲自过问的。

那次卡斯特罗来使馆做客，看到我们有些局促的宴请场地，回去后就对主管领导同志说，中国使馆现在活动很多，需要一个大一些的场所。其他很多国家大使在这里都有官邸，中国大使没有。为中国大使提供官邸这件事就由你来负责。

卡斯特罗发话后，古方有关部门立即执行，于是就有了不到半个月时间我们便通过外交人员服务局落实了官邸的事情。

老卡一句话，中国大使有了新的大使官邸。

古巴领导人都很关心这件事，劳尔主席等都曾几次询问官邸的选址和修缮情况，并笑言，新官邸一俟落成，一定要来官邸做客。

然而，由于古巴物资匮乏，整个修缮过程中，经常因建材短缺

古巴方面为我们提供的新大使官邸庭院和游泳池。

而停工待料，原定一年的工程，工期一拖再拖，直到我即将离任，才算完工，从选址到完成历时 3 年多，这是后话。

2007 年下半年的一天，外交人员服务局局长找到我，对官邸迟迟不能使用表示歉意，并说，已在哈瓦那市郊的塔拉拉城（后来中国留学生大批抵达后也在那里建了学校，后面有具体介绍）为我准备了一个临时官邸。在新官邸启用之前，请我在那边休息。他请我先去看看，并且随时可以入住了。

我们很快去那里看了看，很不错的一套海边别墅，坐落在有军人把守的度假村中，里面有专用海滩，有游船码头，有运动操场。度假村很大，住的人却很少。别墅小楼很多，因没人居住，且年久失修，有很多都需要修缮。古方为我们提供的别墅就是刚刚修缮过的。尽管别墅就在海边，小院里依然有一个不大的游泳池，对于一年到头天气偏热的古巴非常实用；别墅是二层小楼，楼上两个卧室，楼下是客厅、厨房，还有一个客房。屋内各项生活设施一应俱全，真是拎包即可入住。别墅有专门管家打理，安全、卫生都没有问题。

因为离哈瓦那城区还是远了点，有30多公里的路程，我们并没有搬过去。

事后我们才知道，提供海边临时别墅，是因为外交人员服务局屡屡受到上层对中国大使官邸修缮情况的关注和询问。在几次承诺的工期都未兑现后，局长感到颇有压力，于是想出了这样一个“高招”。

其实，有老卡的关心，古方能够再次为中国提供大使官邸，我们心存感激，哪里会因为修缮工程有所延误就不满呢？

五、又见卡斯特罗

2006年4月22日，我陪同来古巴访问的甘肃省省长陆昊去革命宫拜见卡斯特罗主席。

这是我到任不到半年时间里第9次见卡斯特罗。会见安排在了晚上10点，又是这么晚，我心里真是于心不忍。

这一次，卡斯特罗对我依然十分热情，握着手讲了不少话。

问候之后，他的第一句话就是：“好长时间没见了（其实才1个多月），你在干什么？”

我告诉他，我现在工作不少，但很高兴，而且越来越喜欢古巴了。他听了很高兴，说，这可太好了。你忙点是好事，证明两国关系密切。你喜欢古巴我更高兴，我会给你提供机会，让你更多地了解古巴。

然后，他话题一转，谈起了交换留学生的事。他说，我们已在哈瓦那郊区准备了两所学校接纳中国的年轻人，全部免费，再不要中国学生自费学习了。

因没有得到国内对此事的进一步回应，我不能贸然表态。只好表示，中方也已做好准备，增加接收古巴留学生。

卡斯特罗说，为古巴学生学汉语事，他和哈瓦那大学校长有过一番“斗争”。他认为学汉语有 1 年时间就够了，重要的是掌握词汇量，而不是读写。可他的同事们都不同意这种说法，都说中文太难了，别说 1 年，4 年都不够。他要说服他们很费劲。

此外，他还对胡锦涛主席访美等事谈了看法。在和陆省长交谈中，卡斯特罗主要讲了镍矿合作、在甘肃建立两国合作眼科医院、古巴培养来自拉美及世界各地学生学医学等问题。

会见持续了 3 个半小时，自始至终沉浸在友好的气氛中，凌晨 1∶35 时才结束。这令我对老卡不倦的工作态度和饱满的工作热情肃然起敬。看来，满负荷工作是他的常态。

会见中我能深深感受到卡斯特罗对我的那份亲切感。对这样一位世界级伟人，一位国家元首，一位长者，我只有深深的感谢。感谢他对中国的兄弟情谊，感谢他博大的胸怀和关爱。我祝愿这位可亲可敬的老人永葆年轻人的活力与斗志。

临走前，我拿出一本《古巴历史》，让卡斯特罗给我签个名。

听说我索要签名，卡斯特罗格外照顾，在书的扉页上写道：

“PARA ZHAO, FRATERNALMENTE.

FIDEL CASTRO　23 DE ABREL, 2003”

（送给赵，兄弟般的情谊。

菲德尔·卡斯特罗　2003 年 4 月 23 日）

他准确地记住了日期，却搞混了年代。对于八旬老人，已忘我地工作到凌晨，我还能说什么？实在不忍让他再做修改了，无论如何，这是老卡的墨宝，我会永久珍藏。

六、听玻利维亚总统谈老卡

每年的“五一”国际劳动节，古巴都要在哈瓦那革命广场举行隆重的庆祝活动，邀请各国工会组织及国际组织前来，驻古巴使团也会被邀参加。

革命广场，是古巴政治活动的中心，相当于我们的天安门广场。她是世界上最大的广场之一，面积达 7.2 万平方米。广场没有太多的修饰，粗糙的水泥地面已裂痕累累，间或还生出了不少杂草。广场的中心建筑是高达 109 米的马蒂纪念碑，这是哈瓦那的最高建

哈瓦那革命广场上的马蒂纪念碑

50 万人的“五一劳动节”庆祝游行

哈瓦那革命广场上的马蒂雕像

筑之一，其基座就有 18 米高。纪念碑下是马蒂纪念馆，供人们参观，内有电梯直达纪念碑顶，可鸟瞰哈瓦那市容。纪念碑前是硕大的、高 17 米的汉白玉大理石马蒂雕像。呈坐姿的马蒂，微微低着头，眉头紧蹙，陷入沉思状，与那“思想者”的雕塑有着异曲同工的效果。马蒂纪念碑后就是古巴国务委员会主席卡斯特罗的办公所在地革命宫。

马蒂纪念碑建在一个小山丘之上。利用这个天然的高度在纪念碑前建起的平台自然形成主席台，相当于我们的天安门城楼，古巴领导人在那里演讲、检阅游行队伍。平台下两侧依山而建的六、七层宽大的阶梯，就是观礼台了。这里看上去虽没有天安门的雍容华贵，但高耸入云的马蒂纪念碑和高大的马蒂雕像气势恢宏，令人肃然起敬。

庆祝活动早 8 点开始。参加游行的人们从 5 点就开始集结，街上到处是身着节日服装的人群。

我们 7 点半就出发了。因为使馆离广场很近，很多地方已戒严，参加活动的人们只能步行前往。我们按照外交部给的行车路线，兜了一个很大的圈子，以至于都怀疑是不是走错了路。终于看到路上出现其他使馆牌照的车子，才放下心来。大使的车被允许一直开到马蒂纪念馆旁的停车场，离观礼台很近，算是特殊照顾，不用走很多的路。

我们到的不算早，观礼台已坐了不少人，除了使节们，还有应邀前来参加庆祝活动的各国、各组织代表团团长。

来到为使团预留的位置，我们挑了第二排坐下。大理石的台面很干净，坐上去微微有些凉意，但在热带的古巴倒是无妨。使团对参加庆祝活动热情挺高，大使们来了不少，都在高兴地相互打着招呼。看看装扮，都是有备而来：长袖衫、大檐帽、扇子、墨镜……

已为在炎炎烈日下长坐做好了充分准备。这可是加勒比五月的骄阳啊！露天坐上几个钟头，还真是够人受的！

2006年的“五一”节，因古巴的铁杆兄弟委内瑞拉总统查韦斯和玻利维亚新上任的总统莫拉莱斯的出席而更加出彩，特别是莫拉莱斯的一番发言，引得全场一片欢笑。

莫拉莱斯是玻利维亚第一位印第安人血统的总统，是印第安人中的埃玛拉（AIMARA）人，古柯农出身。虽然玻利维亚的官方语言是西班牙语，但印第安土著们都有自己的语言。据说莫拉莱斯以前西班牙语讲不好，只讲埃玛拉语，竞选总统才开始讲西语，如今已讲得不错了。

莫拉莱斯是活动第一个上场演讲的人。“五一”本就是劳动者的节日，作为昔日地地道道的农民，现如今翻了身、当了家、做了主，很有一番感慨。他的开场白蛮有意思，他说，卡斯特罗是“革命的祖父”，是他从小就景仰的英雄。卡斯特罗在50年代领导古巴革命成功，是拉美革命的前辈；接着，查韦斯树起了革命的大旗，是“革命的父亲”；如今，轮到他揭竿而起，继承革命，是“革命的儿子”。三代革命家组成了拉美革命的三个阶段，这说明了革命的连续性，不会中断。

他的话博得全场掌声。别说，一个农民能说出这样一番话，有思想，有逻辑，他能当上总统也就不难理解了。他这“三代革命家”的说法被不少媒体引用，古巴《格拉玛报》第二天就是以“革命的三代”为题报道的“五一”集会活动。

接着，莫拉莱斯回忆了一段九十年代访问古巴的往事。

他说，当初，我刚当上工会领导人时，啥也没有，穷得叮当响。有一次，拉美工会要在古巴开会，我也接到了邀请，但却出不起去参加会议的机票钱。我同古巴方面联系，请求帮助。古巴同志说，你来吧，我们负责你回程的机票。我当然要去，于是砸锅卖铁，把自己的家底全拿出来了，但还差得很远，只好又找穷工友们凑，总算凑了张机票。一路辛劳，能省就省，到了古巴已是身无分文。

那时也正值古巴最困难时期，在古巴待了几天，每天只有一顿饭，一听土可乐（tu cola, 古巴自产的可乐），那个饿啊！可乐也不敢一下喝完，饿了才喝几口。会议之后，卡斯特罗主席要接见与会各国代表，我等了十几个小时，好不容易才排到我。见到菲德尔，我激动得不知说啥好，那是我第一次见到我心目中的偶像，高兴得不得了。会见太短了，排了十几个小时，只见了几分钟，我心里这份遗憾啊，怨自己嘴太笨，咋就不会多说几句呢！

开完会，我没钱回家，多滞留了两、三天。古巴同志也困难，再三努力，总算给我买了张到利马（秘鲁首都）的机票。我只好先到利马，也是身无分文。在机场，恰巧遇到一位秘鲁工会的同志，我赶紧讲了情况，请他帮忙。都是穷兄弟，他也只给了我 1 块钱，让我打电话。在和秘鲁工会联系后，他们给我买了从利马回拉巴斯的机票，我才得以继续旅行，要不然真是连家都回不去了。

讲完这段，他感慨地说，还是革命好啊！你们看，我这次来，菲德尔到机场去接我，我们谈了很长很长时间；我住的宾馆，24 小时有饭吃，饮料想喝就喝，多好啊！

这就是他“革命好”的定义啊？！我忍俊不禁。再看使团，个个乐不可支。我特别看了看老卡，只见他歪着头，笑眯眯地看着他的革命小老弟，些许爱怜，些许赞赏，真像家中长者面对喜爱的晚辈，让我看到了老卡慈祥可亲的一面。

在这种场合听到这样的发言，倒是蛮有新意。

随后，查韦斯和老卡也相继发言。查韦斯也开了老卡一个玩笑，说，我知道菲德尔去委内瑞拉，是因为那里有他的情人，很多年前的情人了。卡斯特罗在下面听着，满脸是笑，不置可否。这就是拉美风格，让你看到在中国重大集会上绝对看不到的风景。

活动持续了近 5 个小时。领导人和工会代表的发言之后，是声势浩大的群众游行。虽然观礼酷暑难当，我们一个个大汗淋漓，但由于有莫拉莱斯等人不拘一格的讲演，还是挺有意思。

第二章　卡斯特罗患病

一、卡斯特罗病了！

2006 年 7 月 31 日晚，使馆举行“八一”建军节招待会。本来身体就有些不舒服，活动完已 9 点多了，想早点休息。

刚回到家，就接到报告，古巴电视台节目说卡斯特罗病了。

我心说“不好”，连忙打开电视机，看到古巴国家电视台中断正常节目，正在反复滚动播报一份由卡斯特罗 18：22 分时亲自签发的《告古巴全国人民书》。

通告由卡斯特罗办公室主任卡洛斯·巴伦西亚加（CARLOS VALENCIAGA）代表卡斯特罗宣读。

通告称，由于卡斯特罗近期行程安排密集，连续奔忙，先赴阿根廷出席南方共同市场首脑峰会，后又连续参加大量“7.26”庆祝活动，劳累过度，导致肠胃出血，需手术治疗及约有三周时间的休养。在康复期间，决定把职权暂时移交。

通告称，卡斯特罗所担任的古共中央第一书记、古巴革命武装力量总司令、古巴国务委员会主席兼部长会议主席的职务将暂时交给劳尔·卡斯特罗（劳尔目前担任古共中央第二书记、古巴国务委员会第一副主席兼部长会议第一副主席和革命武装力量部部长）。卡斯特罗在古巴国家公共卫生、教育、能源革命计划中担任的职务则将分别暂时移交拉赫等其他几位古共中央政治局委员共同代为行使。其祝寿活动亦推迟至 12 月 2 日（格拉玛号登陆纪念日）举行。

通告还称，将于 9 月 11 日至 16 日在哈瓦那召开的不结盟运动国家首脑会议将如期正常举行。

不敢怠慢，我拖着疲惫的身子，再回办公室，召集参赞以上人员加上政治处主任开会。

会后，我给卡斯特罗办公室主任卡洛斯·巴伦西亚加打电话。

巴伦西亚加是卡斯特罗的心腹，贴身秘书，负责照料卡斯特罗的日常工作和生活。他对华很友好，我与他有过几次交往，关系不错。

电话很快接通了，是巴伦西亚加的秘书。他在得知是中国大使，对卡斯特罗主席患病表示关心，并想进一步了解有关情况时，很客气，告诉我，巴伦西亚加现在很忙，请我稍候，不要挂电话，他去通知。

巴伦西亚加在这样的时候一定是最忙的那个人，这一点我十分清楚。但他又一定是最了解情况的那个人，所以我很想从他那里了解到第一手情况。

我忐忑不安的等待着。那样精神矍铄的一个人，那样充满活力的一个人，昨天还活跃在人们面前，今天就倒下了，看来真是岁数不饶人。我在心中真诚地为他祈福，希望他早日康复！

等了有 5 分钟之久，其间，对方每隔一会儿就要对我说一遍，不要挂电话，请略等，巴伦西亚加马上就到。

这种时候，我只有耐心等待。

巴伦西亚加到底还是没有现身。卡斯特罗办公室的另一位秘书理查德和我通了话。

他首先感谢中方的关心，并告，电视中报道的消息是完全真实的，除此以外也没有其他的消息。总司令很快就会恢复健康，请放心。

我问，总司令的情况怎样？做了手术没有？

理查德告，已经做完手术，目前状况稳定，一切都在控制中。估计术后需卧床休息一周时间，然后是数周恢复疗养。

几天后，外长告诉我，卡斯特罗手术后情况良好，并在不断好转中，神智很清醒，反应也很敏锐，身体状况稳定。古巴对卡斯特罗的健康持乐观态度，充满信心。劳尔顺利代行职权，有利于卡斯特罗更好休息和恢复。目前，古巴国内气氛十分平静，各级机关运转正常，群众遵纪守法。虽然大家都很难过，但民众在心理上已很成熟。

外长传递的信息代表了古巴政府的态度。我们立即将这些情况向国内做了汇报。

看来，古巴将因卡翁患病又一次成为世界的焦点，我们的工作任务加重了！

二、我外交部发言人表态声援古巴

作为世界级人物，卡斯特罗患病立即成为世界各大媒体的头条消息。国际舆论热报卡翁病情，不少人在大谈“后卡斯特罗时代”，我们也随之处在了暴风中心。

自卡斯特罗生病临时交权后，美国国内很是热闹。美方对古巴的政情异常关注，对卡斯特罗此次重病欢欣鼓舞。卡斯特罗同美国10任总统斗争了近50年，美国600多次的暗杀老卡从未得手，早就盼着他死呢，这下子似乎愿望实现近在眼前了。

8月3日，美国总统布什首次公开表态，呼吁古巴人民“行动起来，在岛内争取民主变化”。称“在古巴国内情况不明的时刻，有一件事是明确的，那就是美国完全支持古巴人民争取民主和自由的愿望”；“我们支持你们在古巴建立民主过渡政府的努力”；“美国关注古巴现政府中何人在阻碍自由古巴的想法”；并承诺，美方已做好在古巴政权更迭时提供紧急人道援助的准备。

在迈阿密，古裔反对派人士更是欣喜若狂，街头狂欢，大有卷土重来，接管国家之势。他们热烈响应布什的表态，公开号召古巴军队和群众不要支持劳尔，在古巴国内组建一个“军人—文人”过渡政府。

针对美国言行，8月4日中国外交部发言人发表了关于反对任何国家干涉别国内政的讲话。虽未点名道姓，但明眼人均看得清楚是怎么回事。

古方得知中国的表态后非常高兴和感动，外长亲自向我表示感谢。因为古巴当时的处境比较微妙，人们正沉浸在悲伤之中，为卡斯特罗的身体担忧。古方认为，中方的及时表态又一次表现出中国在关键时刻对古巴的支持。

我国在这样的时候发表这样一个讲话，以这样一种方式宣示我们的态度，取得了良好的效果，这是外交上的艺术。人们总觉得外交部发言人讲的话太刻板，太官腔，太无力，但在对外交往上，有时还是需要这样的表达的。国家与国家之间的关系毕竟不同于人与人之间的关系，有些言外之意是需要用心去领会的。

三、劳尔接管权力后首次接受媒体采访

2006年8月18日，《格拉玛报》用4个版面篇幅刊登了劳尔接受该报社长采访的消息。这是劳尔接管权力半个多月后第一次接受采访，因该报是古共机关报，实际上是古巴方面向外界表明态度的一种作法。

劳尔首先介绍了卡斯特罗的情况，这也是人们最为关心的。劳尔告诉大家，卡斯特罗的身体正在逐步、顺利的康复中。他代表古巴人民感谢参与治疗卡斯特罗疾病的医护人员的杰出工作，并认为，卡斯特罗本人的良好体质和精神状态对其康复起了关键作用。

针对西方媒体因其接权后迟迟不露面而谣言四起，劳尔解释说，自己不是一个喜欢抛头露面的人，今后也还会保持这种作风。但久未露面的主要原因还是由于最近公务繁忙，尤其是作为革命武装力量部长，最近频繁视察全国的国防工作，而这些活动是不宜公开的。卡斯特罗在7月31日的公告中将各项工作布置得很明确，现在关键是要全身心地完成它。

劳尔强调，目前古巴全国形势完全平静，在每个城市和街区，人民都遵纪守法，勤奋工作。在每一次困难时刻，古巴人民都是这么做的。劳尔代表卡斯特罗和古共中央感谢全国人民对革命事业的支持和对卡斯特罗的关心，认为这显示了古巴人民的团结和革命意识。

对于国际社会的关注和支持，劳尔表示，近来古巴方面收到来自国际社会各阶层的大量慰问和支持的函电，有的来自普通工

人，有的来自领导人和名人，有的来自宗教团体，还有来自100多个国家的1.2万名文化人士的联名信。古方对此深受鼓舞，并深表谢意。

劳尔还针对美国因卡斯特罗生病而对古巴发出的挑衅言论做了针锋相对的回答。他回顾了美国干涉古巴并企图颠覆古巴革命的历史，并指出，美国政府为所谓的古巴“转型”而指定一个名叫McCarry的家伙为代言人，美官方几天前还声称不能接受古巴革命继续下去，虽然他们没说如何来阻止。看来美国人已经达到自欺欺人的地步。美方以地球主人的口吻断言古巴需要社会“转型”并称将关注谁敢阻止这种“转型”，这种态度既粗鲁又愚蠢。

劳尔说，古巴方面充分认识到布什政府变得更加疯狂的危险性。因此，已于8月1日凌晨3时，根据卡斯特罗2005年1月13日批准的一项计划，并通过必要的协商机制，决定按预案大幅提高国防戒备级别和作战能力，命令含特种部队在内的主要常规部队进入戒备状态，并征招数万预备役人员和民兵，以应对政治和军事形势所需。全部征招人员已悉数到位接受训练，其中一部分已具备作战能力。这些部队将进行适当轮换，但保持数量不变。每名预备役人员和民兵都事先知道集结地点和日期以及服役时间。迄今为止，由于预备役人员的积极响应以及各级党组织领导下的人民武装部的努力，征招工作进展顺利。

劳尔补充说，不是我夸大威胁，我从不是这样的人，但美国对古巴宣传攻势至今没有结束。美国方面8月5日起增派了一架宣传飞机，并违反国际电信联盟的协定在公海对古巴进行广播电视宣传。古巴对这种低估古巴人民政治觉悟和文化素质且毫无作用的宣传并不担心，但这是一个涉及主权和尊严的问题。诚如卡斯特罗所言，只要帝国主义存在一天，就不能放松革命警惕。

我认真研读了劳尔的讲话。不难看出，自卡斯特罗病后，虽然古巴表面上一片平静，但实际上已进入高度戒备状态，甚至做好了应付美国武装入侵的准备。

古巴，与美国近在咫尺，被美国包围封锁近半个世纪，美国一直在图谋颠覆卡斯特罗政权。如今，老卡病倒，古巴做好应付一切变化的准备无疑是最好的策略。

四、古巴官员谈古巴形势

2006 年 9 月 7 日，我们和古共中央国际部官员就当时古巴国内形势进行了交谈，对古巴和卡斯特罗的近况有了进一步的了解。

我们首先关心的还是卡斯特罗的身体情况。

国际部官员为我们作了较为详细的介绍。卡斯特罗此次病倒是因为过度疲劳和神经高度紧张而引起肠胃出血，并没有肿瘤的问题。由于保全疗法需要 6 个月以上的时间，所以决定手术治疗，完全康复还需要一段时间。但卡斯特罗天性是个闲不住的人，手术之后需要休息，可他仍未停止工作，不能离开病房就四处打电话，询问各项工作进展情况，根本不可能做到完全静养。病人本应遵从医嘱，可医生拿他这个不听话的病人毫无办法。

听着古巴同志的讲述，那个精力充沛、不知疲倦、永远工作第一的卡斯特罗形象又出现在我的脑海中。这才是老卡！太传神了！只是他忘记自己还是个病人了！

大家一起无奈又理解地摇着头笑了。

国际部官员对我们讲，卡斯特罗此次因病临时移交权力，是古巴革命胜利 47 年来首次，大家对此一点准备都没有，这个交权对古巴来说并非易事。美国当局趁机加大对古巴的施压，明确表示不接受古巴现政权内的领导人接班，要求古巴“向民主过渡”。为捍卫革命成果，古巴进行了军民总动员，巩固国防，强化治安，在这一突发状况下全国人民表现出了强烈的爱国热情和对领导人的高度信赖。

对于民众的表现，国际部官员给予极高的评价和肯定。他们进一步分析了古巴国内政局稳定的原因：首先得益于民众思想觉悟高。尽管一部分人对政府有抱怨，但在关键时刻明事理、识大局、不糊涂，甚至常与政府作对的大主教奥尔特加也公开表示，反对外国干涉古巴内部事务。

其次要归功于卡斯特罗独特的个人魅力。卡斯特罗受到全国人民的无比爱戴，他已经成了古巴的象征，他的号召力和影响力是无人可以取代的。只要卡斯特罗在，民心就不会散。

第三，古共在民众中享有较高的威望。古巴共产党执政多年来注意联系群众，关键时刻发挥了重要的领导作用。从古共高层看，已形成四至五代领导人梯次结构，卡斯特罗的继承者不是劳尔 1 人，而是一代人，甚至几代人。民众对古共有信心。

第四，社会制度上的保证。古巴人民民族独立意识强，对社会主义有较高的认同感，党和人民相互信赖，这也保证了全体人民的团结。

第五，经济情况的好转。近年来，随着食品、电力、通讯等问题的逐步缓解，人民生活得到一定程度的改善，民众满意度提高。

第六，舆论发挥了强大作用。在及时掌握民众所思所想的情况下，国家对舆论进行了有效控制和正确引导，对稳定民心起到了重要作用。

五、美国官员谈古巴形势

卡翁生病，美国反应强烈。封锁制裁多年均未对古巴奏效，美国很希望这次老卡倒下会使古巴发生他们所期待的变化。

就在这样的背景下，美国驻古巴利益照管处主任给我打来电话，希望拜访我。

这里先介绍一下美国驻古巴利益照管处。

古巴革命胜利后，美国和古巴在1961年断绝了外交关系，后经双方协商，1977年各自在对方国家开设了利益照管处，这是没有外交关系的国家通过第三国在对方国家开设办事机构的一种作法。美国的利益照管处是“挂靠”在瑞士驻古巴使馆名下的，因此它的全称便成了“瑞士驻古巴大使馆美国利益照管处”。其实，它有自己单独的馆舍，依然使用着过去美国使馆的七层大楼。利益照管处行使外交职能，其人员享受外交人员待遇。

美国利益照管处在哈瓦那著名的海滨大道旁，是一座土黄色的火柴盒式水泥楼房。照管处占据了一个街区，四周都有古巴警察严密把守，因为关系的特殊，门外的警卫格外森严，闲人不得靠近，就连临街的人行道行人也不能涉足，需走马路对面的海滨大道，即使这样，也只是可以通过，不得停留。

如今，利益照管处门前最引人注目是一片气势磅礴的黑色旗阵。说起这些黑旗，还真有一段故事。

布什任美国总统时期，古美关系不断恶化。2004年，在布什政府授意下，美国照管处院内四周竖起了广告牌，大张旗鼓地纪念2003年被古巴政府逮捕和审判的75名持不同政见者。古巴以牙还牙，在其院落临街的道路旁竖起巨幅反美广告牌，揭露美在伊拉克虐囚等反人道主义行径，双方展开了广告牌大战。

2006年1月，广告战进一步升级。美国又想出了一个既能加强对古巴策反宣传，又能规避古巴新闻检查的新招数，决定在美国驻古巴馆舍大楼外墙上安装了一块大型电子显示屏幕，声称此举意在打破长期“困扰”古巴民众的“新闻封锁”，要以此“民主宣传屏”为平台，让受到“压迫”的古巴人民看到自由和希望。

这个电子屏安装在大楼第五层的外墙上，滚动字幕横跨25扇窗户，每个字母有1.5米高，深红色，数十米外可看得清清楚楚。电子屏在古巴少而又少，一时间它如同纽约时代广场的电子屏一样醒目。不断滚动播出的是具有煽动性的政治标语，或转播一些古巴国内见不到的新闻，宣传美方立场和观点，指责古巴政府。

古巴对此提出强烈抗议。卡斯特罗怒斥美国利益照管处是“反革命的总部”，把安装电子宣传屏视为对古巴主权的侵犯。古方立即采取了针锋相对的措施，在照管处门外广场上大动土木，仅用了几天时间，就竖起了一片旗杆。水泥旗杆错落有致，高度从10几米到20几米不等，共分五排，138根，上面挂满了黑旗。一面面中心为一颗白色五角星的黑旗在海风中招展摇曳，严严实实地遮蔽住了显示屏。据说这一创意出自老卡，亏他想得出来！真所谓魔高一尺，道高一丈。老卡在几十年与老美的较量中已然修炼得成精成仙了！

黑旗怒视着对面墙上翻滚的红色煽动性标语，它象征着古美间长期以来的对抗。古巴政府称，这片旗林不仅象征着1971年在古巴民航飞机爆炸案中遇难的138名同胞，也纪念自1959年以来古巴一系列以美国为后台的暴力事件中丧生的3400多古巴人。古巴政府还将这里当成了反美阵地，黑旗阵所在广场经常成为大型声讨美帝的集会地。高音喇叭声声，群众群情激愤，那声势，绝对令在屋里办公的美国外交官们绝望到了极点。

话说回来，在接到美国利益照管处主任的电话后，我也想知道此时美国人想找我谈什么。2006年9月8日，他来中国使馆拜会了我。

主任和我谈到卡斯特罗生病后古巴形势等问题，通过他的谈话，

美国利益照管处门前的黑旗阵

黑旗阵前的活动广场

我也算是直接了解了些美国人对古巴目前的看法。

主任认为，古巴的权力交接可以从 2005 年 11 月 15 日卡斯特罗在哈瓦那大学的讲话算起，同年 12 月 3 日古巴外长在纽约联大的讲话也强调了这一点。当然，古巴的权力过渡并没有大肆渲染，而是既公开但又不高调的在讲。

主任提及的卡斯特罗的那次讲话，是卡斯特罗在哈瓦那大学纪念其入学该校 60 周年大会上的演讲。在长篇发言中，卡斯特罗给人们提出了一个问题：当一个老兵离去，把他的岗位留给新的一代领导人时，他们应该做什么？应该怎样做？

不少西方媒体抓住了这句话，并给出了这“标志着前后两个朝代权力交接的到来”的解读。看来，主任完全赞同这个观点。

主任还说，卡斯特罗病后，多数古巴人（这里不含不同政见者）更关心的不是政治，而是经济上会有什么变化。大多数人有一种焦虑心态，希望经济改革，把经济搞活，走中国的路，允许有个体经济，使生活得到改善。从这个意义上讲，古巴政局并不稳定，当然，人们并没有上街。

主任介绍，美国是向古巴出口农产品最多的国家。2005 年美国对古巴出口农产品 4.5 亿美元（含木材等），此外，还向古巴出口一些医疗器材和药品。

六、陪同杨洁篪副外长拜会卡斯特罗

2006 年 9 月 15—16 日，第 14 届不结盟运动首脑会议如期在古巴首都哈瓦那举行。

不结盟运动成立于 1961 年，是在当时东西方两大军事集团严重对抗殃及广大中小国家的情况下产生的，其宗旨是独立、自主和非集团。如今不结盟运动已有 100 多个成员国和 10 几个观察员国，涵盖了大多数发展中国家。不结盟运动不设总部，无常设机构，无成文章程，最初甚至没有定期的会议机制，后来才规定每 3 年举行一次首脑会议，会议由担任主席的国家承担。第 14 届峰会正值卡斯特罗第二次担任不结盟运动主席。

中国重视发展同不结盟运动的关系，在国际事务中与不结盟运动保持着良好的合作关系。1992 年中国正式成为不结盟运动的观察员国。

此次，杨洁篪副外长以观察员身份率团来古巴出席会议。这次古巴作为东道国的会议，出席人员众多，仅国家元首及高官率领的代表团就近 50 个。很多人是冲着老卡来的，都想就近看看这位传奇人物，也想知道卡斯特罗的身体状况到底如何。

会前，古巴方面对卡斯特罗是否出面主持会议一直避而不谈，不知是不是因为怕一旦明确卡斯特罗缺席会影响出席率。会议期间，卡斯特罗果然没有露面，只是会见了极少数几个国家的元首，令很多人大失所望。我们虽也提出了会见的要求，但自感难度很大。

古方在最后时刻还是安排上了这场会见。

9 月 16 日晚 11∶35 至 12∶20，我陪同杨洁篪副外长到革命宫拜会了卡斯特罗主席。这是卡斯特罗生病手术后第一次会见中国官员。

会见是在病房里进行的。这个病房不在医院，而是在革命宫（相当于中南海）的二层辟出了一个专门区域，看来手术也是在这里进行的。老卡真是生病都不离开办公区！室内陈设很简单，一张可将床头摇起的医用病床，一张双人床，一台电视，几把摇椅。最抢眼的要数窗旁书桌上并排放着的几部电话机——这就是他在这里办公的工具了。

卡斯特罗坐在一张宽大的摇椅上。见我们走进房间，他缓缓起身，笑着和我们一一握手。在和我握手时，我感到他用了用力。

卡斯特罗说，看到中国同志很高兴。

看得出，他真的是由衷的高兴。

卡斯特罗的病服外穿了件厚厚的紫红色睡袍，人比我以前几次见到时消瘦了许多（官方报道他体重下降了 42 磅），面颊凹了下去，脸色有些苍白，声音略微嘶哑，音调也低了很多，但精神状态良好，两眼依旧炯炯有神，思维照样敏捷清晰，谈起话来还是口若悬河，谈锋甚健。

杨部长首先面交了胡锦涛主席致卡斯特罗的信函，转达胡主席对他的亲切关心和问候，同时对他抱病予以接见表示衷心感谢，祝愿他早日康复。

卡斯特罗很高兴地接过胡主席的信，像个孩子似的，迫不及待地就要打开阅读。卡斯特罗的贴身秘书卡洛斯·巴伦西亚加连忙上前，帮他拆开了信，并全文朗读了一遍。

卡斯特罗微侧着头，听得很仔细。听罢，卡斯特罗满意地点点头，表示感谢，并称这是他收到的最好的信函。

卡斯特罗说，几天来，他只会见了联合国秘书长安南、委内瑞拉总统查韦斯、马来西亚总理巴达维和阿尔及利亚总统布特弗利卡 4 位贵宾。很想见见中国代表团，但医生认为他今天的活动已经太多了，不同意，让他明天再见。他也不同意，非要今天见不可。这场会见是经过努力得来的。

说到这里，卡斯特罗得意地笑了，我们也都笑了起来。

老卡对中国的感情令我们感动。

会见基本上是卡斯特罗在讲，我们在听。卡斯特罗谈了很多，从拉美、美国到中国，再到双边关系。看得出，虽然在病榻上，老卡始终在跟踪着世界形势，一点也没有放松。

在谈到中国时，卡斯特罗认为，目前，中国发展态势良好，蒸蒸日上，近期也不存在什么大问题和不可逾越的困难，未来是中国的。反观美国却在衰退，通膨严重就印钞票，美元越来越不值钱。

时间一分一秒地过去了，已是午夜时分。老卡还是那么兴致勃勃，谈兴不减。看到一旁的秘书、医生略带不安的焦虑表情，杨部长实在于心不忍，主动提出请老卡早点休息。但是卡斯特罗却不想停下，继续着他想说的话题。

又是一刻钟过去了，我们再次主动提出请老卡休息。秘书医生也借机上前，老卡才意犹未尽地结束了讲话，与我们告别。

能在卡斯特罗大病初愈之际，在众多国家元首云集的国际会议期间见到老卡是一件值得庆幸的事情。

七、卡斯特罗未能出席 80 大寿庆祝活动

老卡的 80 大寿（2006 年 8 月 13 日）庆祝活动筹备工作，早在 6 月就启动了，向各国名流、前政要等千余著名人士发出了邀请。后因卡斯特罗的突然病倒，祝寿活动推迟到 12 月 2 日举行，这一天是古巴武装部队建立 50 周年纪念日，古巴计划在这天举行盛大阅兵式，这是十几年来的第一次。随着计划日期的临近，人们都在关注病后的卡翁身体，大家都想看看老卡现在到底如何了，人们期待着老卡的再次出现。

前来祝寿的人确实很多。2006 年 11 月 28 日晚，负责筹办卡翁寿辰活动的厄瓜多尔瓜亚萨明基金会在哈瓦那马克思剧院为来古巴参加祝寿的各国嘉宾举行欢迎晚会。

厄瓜多尔已故著名画家奥斯瓦尔多·瓜亚萨明生前与卡斯特罗的关系甚笃，曾多次就古巴革命题材作画，还经常与卡斯特罗会面。

这个基金会就是这位画家发起创立的，卡斯特罗的 70 寿辰庆典也是由他们主办的。

当时主办方透露，已有 64 个国家的千余知名人士确认出席各种活动，其中包括一些国家的前总统和现任总统、政界、科学界、文学界等各界人士，如法国前总统密特朗的夫人、厄瓜多尔前总统博尔哈、联合国教科文组织前总干事马约尔等。至于在任高官，虽没有提及，但人们都在猜测卡斯特罗的挚友委内瑞拉总统查韦斯和玻利维亚总统莫拉莱斯应该会出席。

但是欢迎晚会上人们期盼的老寿星并未露面。晚会开始前，主办方宣读了卡斯特罗致各国来宾的一封公开信。

卡斯特罗在信中坦承，根据医嘱，他目前的身体状态尚不允许出席如此盛大的活动，他为此感到遗憾，对不能面谢各国来宾表示歉意。

信中，卡斯特罗深情回忆了与瓜亚萨明的友谊，并阐述了他对现代文明的看法，特别强调，不久前古巴被联合国世界自然基金会评为全球唯一达到可持续发展标准的国家。同时，他还批评发达国家罔顾发展中国家利益的发展模式，并不点名地批评美国总统布什正在将美国引向灾难。

卡斯特罗的缺席令人沮丧，我们也跟着担忧起来。看来，无论卡斯特罗本人还是古巴领导层都未料到此次卡翁的病情会如此猛烈，竟然近半年时间尚未康复。大家都在猜测：卡斯特罗的身体怎样了？到底什么病恢复起来这么困难？他什么时候才能重返政坛？

晚会上，瓜亚萨明基金会宣布，即日起，卡斯特罗的 80 大寿庆典系列活动正式启动。主要活动包括：为期三天的题为“回忆与展望：卡斯特罗与古巴”座谈会，从各个方面对这位伟大革命家的思想进行研讨；一场由古巴及其他拉美国家著名乐手和歌手联袂举行的名为

“众人之声”的交响乐；以及包括瓜亚萨明作品在内的名为“瓜亚萨明给卡斯特罗的拥抱”的画展。

此次活动，虽然主角缺席，依然办得很成功。来宾如云，人们通过这些活动亲近卡斯特罗，为他祝福，让我们再次感受到了世界伟人的魅力。

八、古巴外长谈卡斯特罗优秀品质

2006 年 11 月 30 日，古巴外长在为庆祝卡斯特罗 80 寿辰而举办的题为“回忆与展望：卡斯特罗与古巴”卡斯特罗思想国际研讨会上发表长篇讲话，以翔实的事例，列举了卡斯特罗的 15 种优秀品质，可说是对卡斯特罗思想的一次重要总结。

结合在古巴的所见所闻，细细品读，我深受感动，不禁为老卡的品质折服。这，就是人格的力量，伟人之所以伟大的原因！记录下来，以飨读者。

外长将卡斯特罗思想归纳为 15 种个人品质：

一、**团结意识**。这集中体现了卡斯特罗的性格和思想，已成为当今古巴人民的中心和行动指南，是卡斯特罗对古巴革命的一大贡献。纵观古巴历史，以往为争取独立和主权而进行的斗争所以失败，概因缺乏团结。卡斯特罗将加强团结作为主要任务。卡斯特罗本人朴实谦逊，善于听取他人意见，从不强加于人或颐指气使，而是以理服人，具有说服力。团结是胜利的前提保证，已成为全体古巴人民的共识。

二、**以德服人**。有人称，卡斯特罗和古巴革命已将伦理道德变成了国家的理性。这种伦理道德植根于马蒂思想，是卡斯特罗在 50 年的革命实践中将其变为古巴革命不可或缺的一种特性。卡斯特罗认为，在行动准则中缺乏伦理道德就会失去道义上的威信。因此，在古巴，从未对俘虏用刑。古巴革命从不允许、不鼓励把刑罚或暗杀作为斗争手段，不主张为了胜利可以不择手段；古巴革命的中心行动就是击败敌军，打退侵略者。对待人民，则是纪律严明，不拿群众一针一线。这种伦理道德的树立亦是卡斯特罗对古巴革命无可置疑的贡献。

三、**慷慨无私**。卡斯特罗在物质上慷慨大度。他的这种慷慨已成为古巴革命的主要特性：将给予同情支持视为责任而不是作为施加政治影响的武器。古巴多次在世界上对他国施以援手，“共享”的思想在古巴深入人心。为此，古巴得到这样的赞誉：古巴的帮助不求任何回报。古巴人对尊严和独立看得比物质财富更重，这也是卡斯特罗身教的结果。

四、**言行一致**。古巴革命具有一种原则上的一致性，从一开始就是这样，从未出现过需要在捍卫我们信仰的原则或符合国家理性二者间作出选择的情况。古巴外交官从来不需要像某些外国同行那样奉政府之命做违背良心的表态，任何古巴革命者都不会遇到这种窘境。这种言行一致在古巴同样表现为国家理性，在利益之上的原则同样就是古巴革命的国家理性，这是卡斯特罗的杰作。

五、**个人的表率作用**。卡斯特罗事事身先士卒，率先垂范，以身作则，用自己的行动赢得了古巴人民的信任和热爱。古巴的领导干部均了解个人表率作用的重要，更多的奉献与牺牲是领导干部和党员唯一享有的特权。

六、**讲真话**。真话是武器；真实是赢得尊重的条件。卡斯特罗历来实事求是，甚至当有人劝他真话不必全盘讲出时，他坚持说，我们提倡的是讲真话，而不是讲一半真话。正是因为这种真实坦荡，在我们不断戳穿敌人谎言时，敌人从未找到机会攻击我们说假话，这得益于卡斯特罗的言传身教。

七、**重感情**。卡斯特罗将这种个人的特性运用于革命的实践和政策中。在（上世纪）90年代初特殊时期，卡斯特罗夜以继日的工作，废寝忘食。但在百忙中依然会挤出时间款待老朋友，对已经离职的外国政要也关照有加。他说，我关心的是人，而不是他的职务。卡斯特罗善于换位思考，将心比心。他的这种品质已深深渗入古巴革命的社会实践中。

八、**谦虚谨慎，朴实无华**。卡斯特罗总是一身戎装，很多时候军装已穿得很旧；卡斯特罗的胸前没有任何勋章绶带，因为他从不接受授勋；卡斯特罗的职衔依然是司令，那还是游击战争时期的称谓；人们叫他菲德尔，这是他最感惬意的称呼。卡斯特罗平易近人，与民众打成一片，从不受限于礼宾礼仪。他将马蒂的名言“世间一切荣耀尽可归入一粒谷粒中”作为行动指南，终身实践。

九、**学习精神**。卡斯特罗手不释卷，勤于学习。对事物有无穷的好奇心，遇事总要寻根问底，直至搞清事物的细枝末节。学习、了解、阅读、研究，对于卡斯特罗来说不仅仅是喜好或消遣，而是责任，是一个革命者和政治家的责任。

十、**严于律己**。卡斯特罗出于高度的责任心，凡事都要求做到最好，亲力亲为。因为这是对人民的承诺，这有助于我们为之奋斗的事业，是作为革命者和领导干部应该做到的。卡斯特罗追求完美的个性已成为我们大家的榜样。

十一、**不屈不挠**。卡斯特罗从不言败，他一定要奋力抗争，直至转败为胜。古巴之所以能在近50年的时间里，抵御了各种封锁、侵略、恐怖活动，在苏联的援助消失之后依然坚持下来，与抱有不屈不挠、坚信胜利的信念是分不开的。这种顽强的精神已成为古巴人民共有的品质。

十二、**追求惠及所有人的公正**。卡斯特罗为之奋斗的公正是无国界的，他已将追求公正变为一种世界性的事业。古巴派遣 3 万名卫生工作者在 69 个国家工作；卡斯特罗鼓励古巴科研科人员致力于疟疾疫苗的研究，而这是一种古巴没有的疾病，但它是穷人的疾病，是跨国公司不愿投资的。这种追求惠及所有人的公正的思想同样是卡斯特罗的一种教诲和贡献。

十三、**化思想为力量**。如同马蒂一样，卡斯特罗具有个人感召力。一种正确的思想，敌过一个军队。正因如此，我们把现在正在关键领域开展的这场斗争称为思想战。

十四、**体谅他人，体恤民众**。卡斯特罗以其丰富的经验，渊博的学识，巨大的榜样作用，赢得崇高威望。但他始终非常体恤他人。他为人宽厚，总是站在他人的角度，去体会他人的想法和感受，理解并分担他人的痛苦、疑虑和担忧。他追求完美，一点不足都会令他自责不已；但从不苛求他人，总是原谅他人的过失。如今，宽以待人、体谅他人在古巴蔚然成风，成为人们对待他人的行动准则。

十五、**远离仇恨，普爱众生**。卡斯特罗疾恶如仇，对不公不义、盘剥他人、种族歧视等现象深恶痛绝，但对事不对人；对待人，哪怕是过去或现在的敌人，哪怕是叛徒，也没有丝毫仇恨。古巴革命从不带有仇恨情绪。我们从不向那些制造暗杀和各种恐怖活动并给无数古巴家庭带来无限痛苦的刽子手和恐怖主义分子寻仇。这基于卡斯特罗的思想。卡斯特罗认为，这些恐怖主义分子不过是工具，是受帝国主义指使和支持的，应该打败帝国主义。卡斯特罗的这些特性还体现在我们对非洲的支援上。我们曾向南非派遣 35 万多人次参与种族隔离的斗争；为安哥拉的统一、纳米比亚的独立亦作出贡献。从非洲我们带回的只有古巴战士的尸骨，我们没有在那里寻矿买地、开采森林、建造油井。因为我们不是为了去寻找钻石和石油，我们是本着利他主义，为正义而战。

结束语：古巴人民对卡斯特罗的感情，已远远超出他的责任和他的功绩，大家视他为父亲、兄长、自己的家人。敌人在计算着时间，盼望着卡斯特罗的逝去。但是他们不懂，菲德尔已不仅仅是菲德尔，他已融入他的人民，已化身为“为世界更加美好而战”的全体民众。敌人幻想着卡斯特罗之后，他的思想会随之消失，他已广泛传播于他的人民和世界上的教诲和原则也会不复存在。但是他们错了。卡斯特罗，他的思想会长存于世，他本人正在康复中，将返回战斗，这些充满仇恨和庸人思想的敌人只将会得到新的失败。

九、西班牙名医来古巴为卡斯特罗会诊

据 2006 年 12 月 23 日的西班牙《加泰卢尼亚报》消息，在古巴驻西班牙使馆的安排下，西班牙著名普外科专家加西亚 21 日乘古巴专机赴哈瓦那为卡斯特罗进行全面检查，以确定是否需要再做一次手术。随机还携带了古巴没有的先进医疗设备。

随后，西班牙埃菲社及美国 CNN 电视台等媒体都转发了这条消息。

尽管古巴官方对此消息未做任何报道和评论，但也没有出面予以否认，如此看来，来人的可能性还是很大的。加西亚曾多次来古巴参加学术交流，是古巴信得过的西方名医。看来，卡斯特罗的身体状况还是出了些问题。老卡的健康是古巴的头等大事，对卡斯特罗和他的病情当然要密切监控，以预防任何不测。

果然，26 日加西亚在马德里召开记者会，证实他日前前往哈瓦

那为卡斯特罗进行了会诊。加西亚称，卡斯特罗并未患癌症，只是康复缓慢，并有一些复杂因素，但病情稳定，不需要再做新的外科手术。

前不久，美国中央情报局局长内格罗蓬特对外界称，卡斯特罗患了癌症，将不久于人世，引起了较大的负面反响。

对于美国的妄评，古巴官方已予以驳斥，称卡斯特罗正在稳定恢复中。但外界依然纷纷猜测，各种说法都有。此次加西亚出面证实卡斯特罗未患癌症，应该是受古巴的委托，是对舆论的一种澄清。加西亚的话对西方世界来说可信度会更高。

9 月不结盟运动首脑会议期间，老卡曾不顾医嘱，会见了不少外宾，给人的印象是康复在即，那时的情况应该确实不错；而 12 月初祝寿活动时却首次听从医嘱，未曾露面，可见其健康状况不如手术初期，康复出现波折。但为何会有这种反复，内情却不得而知。总体看来，情况不是很乐观。

加西亚所说的“复杂因素”又是什么呢？

十、西班牙爆料老卡病情

2007 年 1 月 16 日，西班牙《国家报》发表的一篇题为《一系列医疗措施失败加重卡斯特罗病情》的报道引起轰动。因消息来源出自曾赴古巴为卡斯特罗做过诊断、治疗的西班牙名医加西亚所在的马德里格利高里奥·马拉尼奥医院，引发世界各大媒体争相转载、报道，掀起了又一波探讨卡翁病情的热潮。

老卡生病已半年有余，恢复情况比人们预料的慢了很多。开始古巴方面对卡斯特罗的病很乐观，认为做了手术，有几个月时间恢复应该不成问题，因此将老卡原本 8 月 13 日的生日庆祝活动，推迟到 12 月初举行。卡斯特罗本人大概也觉得身体底子很好，并无大碍，所以，9月不结盟会议期间，他依然带病会客，通过媒体出现在大众面前。但是此后很长一段时间，却没有了他的消息，外界关于老卡病情的各种猜测多了起来。这篇报道正好符合人们探究的猎奇心理。

报道讲述了卡斯特罗患病后几次手术的一些细节。报道说，卡斯特罗以前就患有憩室炎。去年夏天，这一病情发作得很厉害，肠道大出血，所以被迫接受了手术。同时，由于大面积炎症导致腹膜炎，进一步加重了病情。

在做第一次手术时，古巴外科医生被迫切除了受憩室炎感染最严重的一段大肠和一段直肠。当时有两种技术方案可选择：一是做回肠造口术，即在腹部开一个人造肛门，以便使受感染的结肠有数周休息时间得以恢复。这段时间内排便通过集粪袋，待做第二次手术时将大肠和直肠重新连接，恢复自然功能。二是将横结肠直接与直肠连接。医生选择了第二种方案。

术后，卡斯特罗的恢复情况不好，感染令结肠与直肠连接部位不能愈合，使腹部充满排泄物，再次引发腹膜炎。

在第二次手术中，医生清理了感染部位并做了引流，切除了整个大肠，并置放了人造肛门。

二次手术后，卡斯特罗的伤口仍愈合不佳。此外，其身体状况又因胆管发炎而进一步恶化。

另有消息说，卡斯特罗患上了一种因供血不足和手术影响造成的胆囊炎。这种病症死亡率极高，约在80%左右。病痛使卡斯特罗被迫在胆管中植入一个微小的韩国产人造器官，但未能发挥作用，又被迫更换了另一款西班牙产品。

去年12月，古巴对是否为卡斯特罗重新再做手术犹豫不决。因此，聘请了西班牙名医加西亚赴古巴为卡斯特罗做诊断。

当时，卡斯特罗腹部伤口每天排出半升液体（包括蛋白质等），造成“严重的营养流失”，令其身体虚弱，肌肉萎缩，情况十分不好，需要静脉输液补充营养。

有如此详实的材料，似乎令人们窥到了卡斯特罗患病的真相。

但很快，美国CNN电视台报道，加西亚医生现身接受了该台采访，否认了西班牙《国家报》有关卡斯特罗病重的说法。

加西亚表示，在有关报道中，只有病人名字和他接受过手术、且遇到一些复杂因素的说法是真实的，其他部分则属谣传。

在被问及卡斯特罗是否病重时，加西亚仍坚持他曾经宣布的卡斯特罗“正在逐步康复中”的判断。关于《国家报》报道中所介绍的卡斯特罗病情及治疗详细情况，包括是否做过三次手术等，加西亚拒绝发表任何评论。

一边是描绘得有鼻子有眼的治疗细节，一边是亲身参加过会诊的医生说辞，到底哪个是真相？我的看法是媒体报道并非空穴来风，而医生出于保守秘密予以否认也是情理之中的事情。

另外，路透社也报出消息说，出席厄瓜多尔总统就职仪式的古巴代表团中一位不愿透露姓名的外交官在基多承认，卡斯特罗遇到阻碍其康复的“愈合困难”。此人还透露，在去年12月的某天，卡斯特罗曾一天七次进出手术室。

面对这些媒体消息，古巴官方一直没有做出反应。但古巴高官在对外表态中说，卡斯特罗仍在康复中。老卡的长子小卡斯特罗在智利参加学术会议时也表示，其父正在康复中，精神状态“积极而乐观”。

在随后的一次外事活动中，我见到副外长罗德里格斯时把他拉到了一边，询问有关《国家报》报道消息事。罗德里格斯说，这家报纸是一家反动的、与迈阿密黑社会有密切联系的报纸。报道完全是歪曲。卡斯特罗的病情是国家机密，外界不可能知晓。目前，卡斯特罗情况稳定，正在逐步康复中。古巴将适时对这些传言予以澄清。

十一、卡斯特罗三个月来首次露面

2007年1月30日晚，古巴国家电视台在“圆桌会议”节目中播放了几分钟卡斯特罗29日会见到访的委内瑞拉总统查韦斯的画面。这是3个月来人们在电视上首次见到卡斯特罗的身影，上次通过电视露面还是在去年的10月28日。

我们认真看了电视报道。画面中的老卡身着红白蓝相间的阿迪达斯运动服。这是厂家为他专门定做的，前襟上绣有他的名字。只见他自如地站立房中迎接查韦斯，没有人搀扶，也没有任何依靠，看上去精神很好，只是面容明显消瘦。

查韦斯给了卡斯特罗一个大大的拥抱，并深情地说，这个拥抱不仅仅是我献给你的，也是崇敬你、爱戴你、需要你、并且将继续追随你的成千上万的人民献给你的。

卡斯特罗看着他极其欣赏的忘年交挚友笑了，并轻轻拍了拍他的后背。

交谈中，卡斯特罗说话声音清晰、有力。为了证实录像的时间，画面中还专门给出卡斯特罗提到阿根廷《号角报》网络版一篇文章的镜头，这篇从网上打印下来的文章标注的日期是1月27日。

镜头还突出了一下老卡手中的半小杯橙汁，交谈中卡斯特罗轻轻地啜饮了一口。

古巴人太会表达自己的意图了，短短几分钟的画面给出了太多的信息：卡斯特罗的身体恢复得不错，至少人们也得承认他的健康状况在好转；他能站立起来了，说明伤口已无大碍；他能喝饮料了，证明一些媒体所说的“愈合困难”已经解决；他思路清晰，反应机敏，头脑没有受到半点影响，仍是那个睿智犀利的伟人！

这段录像无疑是对西班牙报纸有关卡斯特罗身体消息的有力驳斥，是比发表任何政府声明、发言人讲话都有效得多的表态方式。

据报道，这次会见长达两个小时，交谈范围广泛。在谈到身体时，卡斯特罗向查韦斯表示，2004 年 10 月那次跌伤后还没有完全康复，就遇到了这次新的麻烦，但他的康复还远不能说是打了一场“败仗”。查韦斯说，相信卡斯特罗肯定会打“胜仗”。

查韦斯在会见后接受采访时向电视台记者表示：我们谈了许多问题。卡斯特罗心情很好，脸色很好，情绪也很好。他已经完全站起来了，我为此感到由衷的高兴。

古巴民众因这段录像欢欣鼓舞，西方媒体传闻的阴影一扫而空。看到老卡的身影，虽然只是在银屏上，我还是非常高兴，这说明他在康复中。我们一直揪着的心也总算放回了肚子里，真心希望他老人家能早日康复。

十二、卡斯特罗再次现声

2007 年 2 月 27 日，委内瑞拉国家电视台“你好，总统”节目中，查韦斯总统现场连线卡斯特罗，令委内瑞拉观众全程听取了两位领导人的通话实况。古巴国家电视台随后在稍晚时间亦播出全部对话的录音。对话时长 32 分钟，涉及全球股市情况、美国总统布什即将进行的南美访问、全球能源和食品等诸多问题。随后，古共中央机关报《格拉玛报》刊登了对话全部内容并评论说，这再次证明，卡斯特罗正在逐步康复中。

两人在电话中谈到卡斯特罗的身体情况时，老卡表示，虽然目前身体状况尚不允许他访问委内瑞拉，但他将会（在康复过程中）“收复失地”。现在感觉有更充沛的精力、体力和时间来学习了，自己又重新成为学生。

卡斯特罗感谢查韦斯经常对外通报他的康复情况，但称自己不想养成每天都对外发布消息的“坏习惯”，他请大家对他的病情保持耐心和镇定。卡斯特罗说，古巴人民（在其患病后）始终保持平静，而国家也在继续前进，他对此感到高兴，认为这才是最重要的。他同时希望大家给他一个宁静的环境，以便完成目前的康复任务。

查韦斯祝愿卡斯特罗赢得“康复战斗”的胜利。

从去年四季度卡斯特罗停止在媒体露面，后又请西班牙名医会诊的情况看，卡斯特罗此间的健康状况大概出现过某些反复甚至逆转。但近两个月来，困扰他的健康难题似已得到缓解，康复趋势积极，只是康复进程缓慢，能否“完全康复”尚待观察。

分析卡斯特罗近来的“露脸”，似乎可以说是在尝试以某种方式重返政治生活。老卡在长期一线工作中形成了不甘寂寞、事必躬亲的工作习惯，而近期身体状况的好转也为他重新过问政事提供了条件。在最近两次与查韦斯的交谈中，议题甚广，仍着意显示着他虽人在病榻，但对世界风云、国内形势依旧明察秋毫。卡斯特罗患病交权后，古共中央曾作出过一个决议：遇大事要向卡斯特罗咨询，听取意见。再根据劳尔向媒体证实的“卡斯特罗对一切都了如指掌，并经常使用身边电话”的说法可以看出，卡斯特罗已在较多地过问政务了。

目前来看，卡斯特罗的身体状况在较长时间内尚不允许其恢复工作，但随着健康逐步好转，通过打电话和听汇报等方式过问政务将趋频繁，其对古巴大政方针的影响将逐步恢复。

十三、卡斯特罗自谈健康情况

2007 年 5 月 24 日，卡斯特罗在其撰写的专栏文章中第一次谈到他此次生病的情况。

卡斯特罗承认，他不只做了一次手术，而是做了数次。最初的手术做得并不成功，导致康复时间漫长。在长达好几个月的时间里，他靠输液和导管获得相当一部分营养。但今天，他已能完全通过正常进食保持康复进程了。他的健康风险主要因为年事已高，而且在过去的艰苦岁月中过于透支健康。

卡斯特罗称，现在他正在做自己应该做的事情，特别是思考和撰写一些自己认为重要的问题。有太多的题目要写，他没有时间可以浪费在上电视和拍照的梳妆打扮上，他要把时间用在阅读、看新闻、与许多同志打电话沟通情况，以及锻炼身体上。他只想简单地告诉大家，他的身体已经好多了，并且稳定地保持着 80 公斤的体重。

这些介绍出自卡翁之口，是绝对的第一手材料。从老卡自己的描述中，可以清晰地看到他如今的生活：能够正常饮食，不需要输液和导管了，说明术后恢复已进入正常轨道，之前的困扰已得到解决；体重恢复了很多，虽不及以前，但说明身体营养已增加了不少，有利于元气的恢复；遵医嘱加强锻炼，这也是老卡一贯的习惯，在他这个岁数，在经历了数次手术和复杂情况后，能够恢复过来，真是得益于他运动员般的超强体质；现在他的日常生活被读书、跟踪形势、撰写文章填满，当然也少不了打电话了解各方情况……

总之，我们看到的依然是那个勤奋、忙碌的卡斯特罗，那个生命不息，奋斗不止的战士。他以行动诠释着生命的意义，那就是为着自己执着的理想不断探究，不断前行，将自己整个生命和全部精力献给他至爱的伟大事业。

这也是古巴人民和世界人民敬重他、喜爱他的原因。

第三章　卡斯特罗退隐后的日子

一、卡斯特罗探索新的问政方式

2007年3月28日，卡斯特罗在《格拉玛》报开辟了“总司令的思考”（后来改为“菲德尔同志的思考”）专栏。至6月4日，短短两个月的时间，已连续发表14篇政论文章，内容涵盖生物燃料、粮食安全、气候变暖、伊拉克局势、反恐及军备扩张等全球性重大问题，对世界大事发表看法。老卡自称，他目前的主要日常工作就是思考、写文章、看新闻和打电话。

在身体不断恢复，日益向好以后，卡斯特罗变身为多产的专栏撰写人，且专攻国际问题。这是一个新的动向。看来卡斯特罗是欲以这样一种方式重新出现在世人面前，这是不是可以理解为他在探索一种新的问政方式？我想他这样做应该可以达到以下目的：

一是以这种方式重返政坛，稳定人心。卡斯特罗在长期的执政生涯中隔三差五地发表长篇演讲，纵论天下和国家大事，古巴人民已习惯了这种模式的政治生活。现在，老卡虽还无力再现讲坛，但从“演说家”转变为“党报头版专栏作家”，可以以这种新的方式恢复传统影响。古巴民众对老卡的文章报以极大热情，各单位也马上组织学习讨论。老卡的文章起到了稳定人心的作用。

二是引起世界关注，恢复国际影响。卡斯特罗多年来始终是世界风云人物，而且是国际共运史上时至当时仅存的老一代领导人，可以说是一个时代的象征人物，在世界范围内，特别是第三世界广大国家具有一定的影响力。卡翁虽身患重病，但仍时刻关心着全球大事。对时政发表言辞锋利的意见是老卡的一贯作风，他的系列专栏文章很快引起世界各大媒体的广泛注意和评论，而卡斯特罗亦期望能在世界政坛继续发挥影响。

三是整理卡斯特罗思想，为后卡斯特罗时代奠定理论基础。2006 年 12 月，在为卡斯特罗庆寿之际，古巴正式提出“卡斯特罗思想”，但该思想的具体内容仍有待丰富和整理。卡斯特罗发表的专栏文章，反映出其对重大问题的思考和看法，事实上已成为卡斯特罗思想的组成部分，势必对今后乃至后卡斯特罗时代的政策取向产生重要影响。

总的来看，卡斯特罗在逐步适应着病后生活，也在摸索着今后的问政方式，除了撰写专栏文章，可能还会有新的方式出现，但无论怎样，较病前会有所不同。

二、卡斯特罗宣布辞职

2008年2月19日，夜半时分我得到消息：凌晨3点，《格拉玛》报网站登出卡斯特罗致同胞书，宣布卡斯特罗“不再寻求，也不会接受国务委员会主席和革命武装部队总司令的职务”。

这个消息令我一下子睡意全消，这正是我们这些天密切关注的问题。2月24日是古巴选出新一届国务委员会和部长会议成员的日子，老卡的去留令全世界瞩目。

卡斯特罗致同胞书主要内容

卡斯特罗的“致同胞书”落款时间为2月18日17:30。他在文中说，2006年7月31日自己因病临时将权力交给劳尔时，许多外国人士猜测这将是最终的决定，但劳尔本人和党及国家的许多领导人不同意我考虑辞职。面对无所不用其极的敌人，我的处境比较为难。

随后，我的健康有所恢复，能够阅读和思考，还有足够的体力可以长时间的撰写文章，同时意识到自己能做的仅此而已。

在向外界谈及健康状况时，我总是注意不要给正在斗争中的人民带来思想混乱。让民众对我的引退有足够的心理和政治上的准备，成为我从事多年斗争后的第一要务。我一直强调，我身体的康复存在着不确定的风险。

卡斯特罗明确告诉在不久前已投票选举他为全国人民政权代表大会代表的同胞们，他将不寻求也不接受继续担任国务委员会主席和总司令的职务。

卡斯特罗说，去年12月17日我在致国家电视台《圆桌会议》

栏目主持人的一封公开信中曾暗示了此意，强调自己并不恋权，更不想挡年轻人的路，只想贡献自己的经验和建议。因为我有幸生活在一个特殊的时代，我的经验和想法有一些价值。在今年1月8日的另一封信中，我也曾引用了马蒂的名言：世界上所有的荣誉，一粒玉米足以承载。

卡斯特罗强调，承担责任需要活力和全身心投入，而我因健康状况已不具备这一条件，我不想违心地接受力所不及的责任。幸好我们的事业仍有一批老一代的干部，他们为国家做出过突出贡献，有足够的威望和经验保证权力交接顺利进行。我们还有一些中年干部，他们和我们一起学会了组织和领导革命的复杂艺术。

卡斯特罗在最后强调，我不会向大家告别的。我希望的只是像一名思想战士那样去战斗，继续撰写《菲德尔同志的思考》系列文章，让这些文章成为你们可以拥有的思想库中的另一件武器。也许人们还会听到我的声音，我将会多加小心。

这是卡斯特罗有生之年做出的最后一个重大决定，是经过深思熟虑的。决心一下，老人也轻松了下来。他在专栏文章中这样描述决定后的心情：（发出“致同胞书”的）当晚，我从来没有睡过这样的好觉。心情异常平静，决定给自己放假。

半年前卡斯特罗对复出的表态

2007年8月1日，卡斯特罗在发表的专栏文章中谈到了有关他复出的问题。

老卡写道：现在人们总在追问我能在什么时候复出？对此，劳尔本人已经做出了答复。随着我健康的逐步恢复，每项重要决定都曾与我做过商量。我将怎么办？我将一如既往，不停地奋斗。

这是卡斯特罗病倒一周年之际对人们对他的健康及理事能力的

回应。那时，几经反复，老卡的病情终于稳定，身体康复越来越好，人们都在猜测，卡斯特罗是否还会回到前台来，继续作为国家元首领导古巴前行？

对卡斯特罗让位的看法

卡斯特罗的让位，意在确保权力顺利过渡，维护古共政权长治久安。卡斯特罗已连续执政 48 年，是当今世界上在位时间最长的国家领导人之一，在古巴享有不可替代的领袖地位。劳尔在其兄患病后临时执政的一年半中稳健、务实地开展工作，赢得了古巴民众的支持和信任。在此前结束的古巴全国人大代表选举中，劳尔得票数第一，证明人民是满意劳尔的工作的。鉴于卡斯特罗的威望，唯有其本人明确表态方可统一人们的思想。因此，卡斯特罗审时度势，做出决定，体现了他的革命胸怀、危机意识和战略眼光。

根据古巴宪法，国务委员会主席将兼任部长会议主席和武装力量总司令。卡斯特罗让出国家元首、政府首脑和总司令职务，但仍保留古共中央第一书记之职。鉴于古共体制及卡斯特罗本人威望，卡斯特罗仍为古巴最高领袖的地位未变。

在古巴百废待兴，外又有美国干涉压力的情况下，恢复和发展经济，加强战备会是劳尔面临的主要任务。古巴民众对他寄予较大期望。

古巴民众平静接受卡斯特罗让位的消息

卡斯特罗患病已有一年半时间，从他本人到古巴政府都在逐步做着卡斯特罗退出后的准备，古巴民众也逐渐习惯了卡斯特罗身在后台的现状。因此，卡斯特罗的最终隐退并没有给民众带来太大的冲击，人们平静地接受了这个事实。更有人理智地表示，以前是一臂撑天，现在是众臂撑天，这样挺好。但人们还是强烈地表达了对卡斯特罗的爱戴，说，卡斯特罗作为古巴革命领袖的地位永远不会改变。

各国反应

卡斯特罗宣布弃选的消息可谓一石激起千层浪，但各国对此的反应基本上是积极的。

委内瑞拉总统查韦斯说，卡斯特罗的决定给了世界上批评他的人一个教训，证明了卡斯特罗不是一个抓住权力不放的人。卡斯特罗还会在古巴革命、拉美革命和建设新世界的革命中占据他应有的位置。

尼加拉瓜外长桑托斯称赞卡斯特罗是“政治巨人”，“应当受到世界人民的尊敬”。“在人类历史上，卡斯特罗过去和现在都是一个非凡的人物。”

玻利维亚总统莫拉莱斯、巴西总统卢拉对卡斯特罗的决定表示赞赏。西班牙和法国则表示欢迎。

墨西哥外交部称，墨西哥政府将继续推动与古巴政府的接近，尽早实现与古巴的外交关系正常化。墨西哥尊重古巴人民在对墨关系上的自主决定和意愿。

中国外交部发言人也表示，中古是友好国家，中方将继续巩固和发展中古友好合作关系。卡斯特罗是深受古巴人民爱戴的革命领袖，也是中国人民的老朋友，祝卡斯特罗早日康复。

俄罗斯媒体称，古巴仍将继续走中国式的发展道路，并将建立自己的社会主义模式。但完成这样的任务，最大阻碍来自美国已实施半个世纪的禁运，而劳尔已开始寻找解除对古巴经济封锁的出路。劳尔接班后，古巴之船不会改变航线。

欧盟负责发展和人道援助事务委员米歇尔表示，愿同古巴新领导人进行建设性的政治对话。欧盟委员会将在与各伙伴充分协调基础上，随时准备继续与古巴政府进行交往，以改善和深化在环境、气候变化等涉及双方共同利益的领域合作。

哥斯达黎加总统阿里亚斯、危地马拉总统科洛姆和巴拿马外长莱维斯认为，卡斯特罗此举并不会使古巴政治制度在短期内发生深层变化。

美洲国家组织秘书长因苏尔萨说，希望古巴在“和平民主对话的基础上”发生改变，而不是通过外部原因促其变化，并期盼古巴回归美洲国家组织。因苏尔萨还称，美国对古巴长达半个世纪的封锁对于解决问题无益。

美国的反应

卡斯特罗的这个决定应该是美国期盼已久的。正在非洲访问的美国总统布什很快做出反应称，卡斯特罗此举标志着古巴人民向民主过渡的开始。作为第一步，古巴政府应立即释放关押的政治犯。国际社会应与古巴人民一起努力，帮助其构建实现民主所必要的体制。民主过渡的目的是在古巴实现自由和公正选举。美国将帮助古巴人民实现自由。美国常务副国务卿内格罗蓬特表示，美国不会在短期内取消对古巴的封锁和禁运。美国务院发言人也称，美国现行对古巴政策是正确的，无需改变。

美国媒体则纷纷断言，卡斯特罗本人和古巴现政府高官在古巴政坛角色未定，卡斯特罗仍将发挥其影响；只要卡斯特罗在世，就会对新政府继续发挥影响力；如劳尔执政，从他以往的做法看，新政府可能会加强经济改革，以克服古巴经济所面临的困难；美国短期内改变对古巴强硬政策的可能性较小。

三、卡斯特罗协理组组长谈老卡

2008年4月8日，我请卡斯特罗协理组组长梅嫩德斯一家吃饭。梅嫩德斯是老卡身边人物，长期以来贴身为老卡工作，深得卡斯特罗信任。我来古巴不久，他曾患病住院，我去医院看望他，使他大受感动。之后，我们长聊过几次，建立了很好的私人关系，成为亲密的好朋友。

席间，我们很自然地谈到老卡。我向他回忆了来到古巴后与卡斯特罗的多次接触，并询问老卡目前身体状况。

梅嫩德斯告，卡斯特罗现在身体恢复情况很好。他是个闲不住的人，虽然没有什么具体工作要他做，但他绝不肯无所事事的虚度光阴。他是个勤于动脑的人，无时不在思考问题，每天都要索取大量报刊、书籍阅读。我们这些在他身边的人不会闲着，一会儿他会要这个书籍，一会儿又要那个报纸，我们就赶快去找，要么从图书馆调阅，要么上网查找，帮他下载下来。他看东西的速度太快了，我们简直赶不上他的进度。在他身边工作，我总感觉自己是个老人，而他才是精力充沛的小伙儿！由衷地佩服他那从不知疲倦的精气神儿！要不是有严格的医嘱，我们根本别想把他请上床。现在他睡眠的时间倒是比以前充足多了，只有这点还比较让人欣慰。

对卡斯特罗的博学、好学，我是深有体会的。每次与他见面，就像是参与一场面试，而且是无从准备的面试，不知他会提出什么样的问题。他的兴趣太广泛了，问题也太专业了，经常搞得我们好紧张。好在被问住的次数不多，即使问住了，也还可以在查询之后再告诉他。但一定要有结果，不然下次再见他时，必定还会被问及。若此时再答不上来，可真无法面对他了。

从卡斯特罗如今多产的专栏文章上也可以想像出他是怎样忘我笔耕的。正像他自己所说的那样，他已把自己变成了一名“思想战士”，他有“太多的题目要写”，因此，他不允许自己有所懈怠。

梅嫩德斯的讲述，证明卡斯特罗的身体在逐渐恢复。看来，老卡的状态还不错，每天都在阅读、思考、写作。只是不知他的体能如何，是否能参与什么外事活动了？因为古巴是中国领导人频繁出访的国家之一，每年光最高层领导的来访就有一、两次。我们的领导人来了都想见老卡，现在能见到可不是那么容易了。今后我们在接待领导访问时，在日程安排上压力会很大。

四、古巴革命胜利 50 周年之际卡斯特罗既未现身亦未现声

2009 年的元旦，是古巴革命胜利 50 周年纪念日。为此古巴举行了声势浩大的庆祝集会。

50 年前的 1 月 1 日，卡斯特罗在古巴革命圣地、东部城市圣地亚哥的塞斯佩德斯公园发表演讲，宣告革命起义军经过艰苦的武装斗争，推翻巴蒂斯塔法西斯独裁统治，取得革命成功！之后，老卡率领古巴人民走上社会主义道路，顶住了美国长达半个世纪的封锁制裁，经受了苏联东欧剧变的生死考验，50 年华诞对古巴真是不容易！

在庆祝大会上，劳尔·卡斯特罗主席发表了讲话，称近 50 年是古巴历史上成果丰硕的年代，菲德尔·卡斯特罗造就的国家团结保证了古巴在各条战线的胜利。鉴于当今世界的动荡，困难时期到来，但古巴革命是不会被摧毁的。他呼吁人民团结起来，从历史中吸取教训，维护古巴共产党的威望和权威，维护党的团结。他宣称敌人

永远不会停止进攻，未来 50 年还要继续战斗。古巴革命会再持续一个 50 年！

人们注意到一个现象，在这样一个重大时刻，老卡没有参与。

老卡不出席庆祝活动，这在人们的预料之中；但对世事、国情关注至极的卡斯特罗此时沉默了，没有发表他的专栏文章，没有任何感言，只是在 31 日晚间为第二天出版的《格拉玛报》写了一句话：“值此胜利 50 周年之际，向我们英雄的人民致以祝贺。”报纸将此刊登在头版，并配发了一张老卡和劳尔在革命初期的照片。不知是有意还是凑巧，选登的照片上，劳尔居中，高高的举着一只手臂，满脸微笑地招着手。老卡站在一边，倒成了配角一样。

这种沉默不是老卡的习惯，因此引起各界的关注。

美国一些古巴问题专家马上对此发表评论，认为一向活跃、不甘寂寞的卡斯特罗如此表现，大概有这样两种可能：要么近来身体欠佳；要么对劳尔施政有某些不满。

美国人的分析有一定道理。

卡斯特罗在上一年 10 月份写了 12 篇专栏文章，有时甚至一天就有两篇；11 月写了 8 篇，而 12 月仅写了 3 篇，且集中在上半月，16 日以后未见他的大作。而他见诸公众的最近一张照片，是 11 月 18 日发表在《格拉玛》报上的与胡锦涛主席会见后的合影。之后他会见了到访的俄罗斯总统梅德韦杰夫，但媒体未发表任何照片。这几天，巴拿马和厄瓜多尔总统相继访问古巴，甚至没有见到卡斯特罗本人。

这些情况无疑催生了人们的种种猜测。最有可能，就是这段时间卡斯特罗的身体又出现些问题，这对 80 多岁、且大病过后尚在恢复期的老人来说，也是很正常的事情。

但若说卡氏兄弟间出现矛盾，比如因劳尔的某些言论，比如因一些人事变动……就只能是猜测了。老卡极其注意维护古巴领导层的团结，且时刻警惕敌对势力可能的捣乱破坏，应不会以此种方式表达他的情绪。此外，卡斯特罗在党内、国内享有无人可及的崇高威望，劳尔的行事不会不经他的同意。至于某些表达，劳尔有他的风格，但政策原则应是经卡斯特罗同意的。劳尔执政近一年，出台了不少新政，老卡对劳尔的工作和作法是否完全满意，确实无从知晓。但仅从卡斯特罗新年不作为就判断兄弟分歧，还是不太靠谱。老卡身体情况如何，也还有待进一步观察。

五、老卡终于又露面了！

在销声匿迹一个多月后，老卡终于又有了消息。2009 年 1 月 21 日，卡斯特罗会见了到访的阿根廷女总统克里斯蒂娜·费尔南德斯·德基什内尔；22 日，在《格拉玛》报撰写了专栏文章《与克里斯蒂娜的会晤》；23 日又发表了题为《第十一位美国总统》的文章；阿根廷总统府网站还登出了卡斯特罗会见克里斯蒂娜的照片。

关于老卡的近期“消失”

这个世界对卡斯特罗的关注太多了，他是现今老一代社会主义革命领导人中硕果仅存的一位，无论朋友还是敌人都时刻关注着他。只要他几天没有声息，大家都会不安，疑神疑鬼起来。老卡精神不济？健康恶化？在迈阿密那边，更有卡斯特罗已中风、陷入昏迷的传言。

11 日，卡斯特罗的密友、委内瑞拉总统查韦斯谈到卡斯特罗时说“菲德尔再也不会像以前那样，穿着军服在街上与群众拥抱致意了。但他的精神将永远不会被遗忘。”

查韦斯没有提到卡斯特罗的身体状况，也未对此番话做出解释。

此言一出，四座震惊，加剧了各种猜测。

16 日，查韦斯再次站出来，在委内瑞拉支持修宪运动的一次会议上说，现在确实流传着菲德尔已去世的谣言。菲德尔还健在，还在继续工作、写作和跟踪世界形势。

现在谣言总算不攻自破了。古巴人自有对付西方舆论的一套办法，在这方面他们还是蛮有经验的。

会见阿根廷总统克里斯蒂娜

与卡斯特罗会见，是克里斯蒂娜访问古巴的最后一项日程。

会见后，克里斯蒂娜在机场对记者们说，我和卡斯特罗进行了 1 个多小时的会谈。我们聊天、对话。他穿着一件运动衣，看起来身体很不错。卡斯特罗告诉我，他一整天都在看电视，密切关注着奥巴马宣誓就职。他对奥巴马的印象很好。他认为奥巴马看起来很真诚，很有想法，并有希望将自己的想法付诸实践。

劳尔到机场送行，并与克里斯蒂娜共同会见了记者。他也驳斥了有关卡斯特罗健康状况的谣言。他说，你们认为如果卡斯特罗病得很重，我还会在这里微笑吗？我将很快前往欧洲访问。你们是否会认为，如果菲德尔身体状况真的很糟糕，我还会离开这里？劳尔告，菲德尔将时间用于思考问题，阅读书籍，有时会给我一些建议，帮助我。

老卡本人也撰文介绍了会见克里斯蒂娜的有关情况。

卡斯特罗称，会见持续了 40 分钟。如预期的一样，双方进行了广泛和有意义的思想交流。没有发生任何争执。

卡斯特罗说，当谈及美国时，我向她指出，到昨天 12 点为止（文章落款时间为 21 日），50 年内古巴经历了 10 位美国总统。美国尽管国力强大，但未能摧毁古巴革命。从个人角度讲，我丝毫不怀疑奥巴马的诚意，但尽管他有美好的想法，能否解决各种问题仍有很大疑问。比如，一个肆虐挥霍、消费主义型的制度如何能够保护环境？

阿根廷媒体发表了会见照片。老卡和克里斯蒂娜并排站立，卡斯特罗外着深色“阿迪达斯”运动服，内穿厚实的衣服，一只手抓着克里斯蒂娜靠近他的手臂；克里斯蒂娜含笑站立一旁，用另一只手握住了老卡放在她手臂上的那只手。老卡看上去还是很精神，两眼炯炯有神，脸色也很红润，但那标志性的大胡子有些凌乱，神情还是显得呆板了一些，缺少了以往的灵气，给人英雄暮年，垂垂老矣的感觉。

卡斯特罗谈奥巴马及个人近期状况

卡斯特罗在他发表的《第十一位美国总统》的专栏文章中谈及对美国新任总统奥巴马的看法和他个人近期生活状况。

在谈及对奥巴马的看法时卡斯特罗称，奥巴马是古巴革命胜利以来第 11 位美国总统。作为美国建国二又三分之一世纪以来的首位黑人总统，奥巴马深受林肯和马丁·路德·金的启发，其智慧和高贵的面孔已变成“美国梦”活生生的象征。

尽管奥巴马已经受住种种考验，但至今尚未通过其中最大的考验。（那就是）当他手中的巨大权力根本无力超越制度内的矛盾时，他能做什么？

卡斯特罗还讲了他个人的近期生活状况。他写道，今年我已减少撰写思考文章，就如同有人向我建议的一样，以免干扰或阻碍国家和党内同志为应对世界经济危机带来的客观困难应作出的各种决策。

我的状态是好的。但我应指出，任何同志都不应因我偶尔发表的思考文章、病情加重或死亡而感到窘迫和为难。

我正在翻阅我半个多世纪以来的讲话和资料。我已拥有了少有的荣幸，即在如此长时间里目睹种种大事。就这些事件，我收取信息，并做冷静思考。我想，四年后，当奥巴马结束第一个总统任期时，我可能已不再享有这样的荣幸了。

六、阿根廷政治活动家谈与卡斯特罗的会见

2009 年 3 月 13 日，阿根廷《号角报》以《在他的退休生涯中，菲德尔游泳，写作，读报并研究达尔文》为题刊登了一篇对阿根廷政治活动家阿蒂略・博龙（Atilio Boron）进行专访的文章，听其讲述拜访卡斯特罗的经过，以及卡斯特罗目前的生活情况。

此前，博龙曾到古巴参加了第 11 届经济学家全球化与发展问题国际论坛会议。在接受采访中，博龙较详尽地描述了老卡的近况，挺有意思。录下这篇采访的有关细节与大家同享。

关于卡斯特罗身体及他的退休生活

记者：你是怎么接到会见邀请的？

博龙：上周六（3 月 7 日），我和妻子女儿正在午餐，他们通知我：菲德尔要接见我。这真是一个意外，我从未期望能够见到他！在他患病后，我曾多次到古巴，他从未接见过我。

记者：你看到他情况怎样？

博龙：说实话，我去见他时挺害怕的，因为我想我见到的大概是一位体力或脑力已衰退了的人。但情况完全相反：总司令面色红润，我们握手和拥抱时，我感到他的健壮有力，这真是一个惊喜。

记者：他穿着什么衣服？

博龙：和以往一样，穿着运动服，就是古巴运动员穿的那种。那天下午天气很热，他穿着短裤，可以看到他非常健壮的双腿，不是像他这个年纪的人那种干枯的小腿。他的双腿如此的结实，引起我的注意。这足以说明他非常认真地进行着康复训练。除了看得见的好气色外，更重要的是他的头脑依然敏捷，目光清澈、灵动，充满探究，全神贯注，一如以往。

记者：他是在医院吗？

博龙：不。他在一处别墅，大概备有医用急救设备。别墅中有条件散步和做些运动，还有一个泳池，可以游泳。

记者：家里看到很多人在工作吗？

博龙：没有，不见很多人。在不停工作的是菲德尔。他在一间起居室会见我，那里有个书房。可以看到不少剪报夹，还有很多蓝皮的笔记本，分不同专题，用来记录他对于不同问题的思考。他就是在那里撰写他的思考文章的。

记者：他的声音听来怎样？

博龙：非常好。他从来就不是一个大喊大叫的人，他讲话总是从容不迫的。我甚至可以说，与他病前最后一次见到他时相比，他的声音要更好。他依然是那个真实的菲德尔，讲话时字斟句酌。

记者：你们谈话时可曾中断让他服药？

博龙：当然没有，那是一场完全正常的谈话。他非常准时，约我 17:00 到，我们谈完是 18:40。他看上去非常好。已经有几周了，每天定时外出，在周围散步。他独自一人出去，不带警卫，就是走一走，再买张报纸。他和普通古巴人一样的排队，但是很快一位妇女发现了他，觉得太不可思议了。

记者：他知道关于他身体状况的推测，甚至有传言说他快不行了吗？

博龙：间接知道一些吧。当我满怀崇敬地询问是否可以和他照张相片时，他笑着说："不知为什么，大家都要求和我照相。克里斯蒂娜（阿根廷总统）、巴切莱特（智利总统）都要和我照相。"他是一个每日阅读世界各国报张的人，因此知晓一切事情。

记者：有人专门为他读报，然后用他的笔记替他撰写那些发表的文章吗？

博龙：没有。他自己阅读所有报纸，然后写作。他什么都看，不光报纸，还有其他东西。比如现在，他正在饶有兴趣地重读关于达尔文的东西。对前沿科技的东西，他也非常了解；与生物技术有关的一切他都异常关心。这次我还注意到，他对最新科技——纳米技术的兴趣大增。我感觉，他对不用每日理政已经释然，而且对他的脑力活动感到满足，就像他说的，他现在是一名思想战的斗士。他的思考文章，从某种意义上说，是那些在世界范围内正在讨论的重大话题的参照物。

记者：拜访他的人很多吗？

博龙：不，能见到他的人很少。我觉得他的家人会去看望他，但他和政府官员的接触实际上已局限在仅与劳尔有个别的会晤。

记者：你见他有手机吗？

博龙：没有手机响过。他处于一种退休状态，对此他很享受。他有一台普通的个人电脑。

卡斯特罗谈美国及奥巴马

记者：你们谈到美国新政府吗？

博龙：菲德尔是个非常小心审慎的人。他对美国了如指掌。他已经历了 10 个美国总统，我感觉他对奥巴马有些好感，但也绝不抱有任何幻想。他的一句话令我记忆犹新：“奥巴马很快就会察觉，当总统是一回事，而帝国是另一回事。”我认为这话真是一个很好的概括。在世界范围内涌动着各种力量，美国总统的背后也存在各种力量，向奥巴马施压，提出各种要求，令其不得不作出呼应。

记者：他对布什有什么评价吗？

博龙：说得不多。他管布什叫白痴、恶棍，对他不予评论。很显然，他觉得奥巴马是另一种人。他对不同的美国总统总是区别对待的，例如，他总是赞赏吉米·卡特的善意。

关于金融危机等国际问题

记者：你们交谈的话题都有哪些？

博龙：我们就全球危机谈了很多。他对危机在整个拉美的影响忧心忡忡，他认为这场危机将会猛烈冲击拉美地区，使某种左派中心或近些年左派兴起的全过程受到影响。菲德尔对时局有着很好的解读。他怕在危机的混乱中出现向右转的倒退，怕在经历了前苏联倒台而苦度特殊时期的日子会重演。

记者：他对即将在伦敦召开的20国集团峰会有何评论？

博龙：他对此持怀疑态度。他认为，这是美国的一种捆绑战略，这样，阿根廷、巴西和墨西哥就离开了拉美其他国家。另外，他也不信两天时间就能解决一个如此规模的危机。

七、老卡撰写专栏文章两周年

2009年3月28日，是《格拉玛》报开设“总司令的思考”专栏两周年。《格拉玛》报在这一天以“菲德尔思考文章两周年——多产的思想库”为题，对卡斯特罗两年来发表的文章进行了梳理、总结。

文章称，当敌人以为菲德尔那令人激奋的话语从此缄口时，他却以笔代言，开始用文字表达他的思想，走上了另一战场，重新成为不知疲倦的斗士。他阐明真相，揭露不公，谴责帝国主义背信弃义的政策，提醒我们的不足和面临的挑战，警示世界我们将遇到的全球性的严重危险。他的第一篇专栏文章就抨击布什将粮食变燃料计划，称此举将使 30 多亿人陷于饥渴。

文章归纳了卡斯特罗撰文所涉及的领域，包括生物燃料、气候变化、能源、黩武主义、战争、经济危机、新闻界、教育、卫生、体育、道德价值、国际关系、革命、团结、社会主义等等。

文章称卡斯特罗为分析问题的大师，捕捉题材的高手，既具有作为专栏作家敏锐的洞察力和丰富的经验，又具有记者的灵活，善于将新闻掌控于手中，在最短的时间内寻机公布。他永不满足，一次次对自己的文章进行修改、润色、删除或补充。

文章赞扬卡斯特罗永远年轻，与时俱进。他利用互联网作为广泛、迅速传播他的思考文章的第一手段，借助这些新技术，他的思想超越国界，四处传播。他每天都在教导大家，思想战依然是：原则，理论，知识，文化，论据，驳斥和反驳斥，击败谎言和传播真理。

文章最后说，无论作为总司令，还是作为同志和战士，菲德尔的思想依然是革命行动不变的指导，是今后战斗和新时期必不可少的武器，是制胜的法宝。

我也对卡斯特罗的专栏进行了一下盘点，正是不“点”不知道，一“点”吓一跳：老卡真是一位勤奋的作者。两年时间，撰写发表的文章多达 197 篇，其中 2007 年 69 篇；2008 年 103 篇；2009 年前 3 个月已写了 25 篇。写作旺盛时，一个月有十六、七篇见报；10 篇以上的为数也很多。可见，只要身体状况许可，老卡都在博览群书，紧跟形势，勤奋思考，笔耕不辍。他哪里是退休了，分明是在战斗。

他以笔纸为武器，以思想为武器，向一切他认为需要警醒人们的问题开火，对世界各种大事发表意见，立场清晰，爱憎分明，引发人们的思考。难怪他的声音缺失时，会引起人们的广泛关注。世界需要他的声音。

卡斯特罗说他是“思想战士”，他做到了，而且做得非常好。

八、卡斯特罗与美国的互动

（一）老卡会见到访的美国议员

以美国民主党左翼议员芭芭拉·李为团长的美国国会众议院代表团一行7人2009年4月4日抵达古巴，进行为期6天的访问。这是奥巴马就任总统以来美国国会议员首次访问古巴。议员们受到了高规格的接待。卡斯特罗不但予以会见，还连续两天为此撰文。可以看出，在古美关系酝酿变局的重要时刻，老卡正在尽自己全力推波助澜。

劳尔与美国议员会谈

劳尔主席首先与美国议员代表团进行了会谈。这被一些西方媒体称为“开创了美古关系的先河”。芭芭拉说，劳尔和他们的会谈历时4个多小时。劳尔表示，在两国主权平等、尊重民族独立和互不干涉内政的前提下，随时愿意与美国领导人进行对话，双方可就任何问题展开讨论。

古巴电视台报道了会谈的消息。画面上的劳尔一改过去出现在公共场合的戎装打扮，以一袭深色西装示人，显得更加亲切。劳尔与芭芭拉促膝畅谈，代表团其他成员在旁专注聆听。

会谈后，芭芭拉接受了美联社的采访。她对与劳尔的会谈相当满意，她说，我相信劳尔希望与美国关系正常化，他相当认真。他们确实想要谈判。我们讨论了关于两国关系正常化的一切必要议题，这是一次富有建设性的对话。芭芭拉认为，现在到了美国与古巴对话的时候了，她表示会将此行的所见所闻、所感所悟传达给美国白宫、国会和国务院。

代表团其他成员也纷纷表达他们各自的感受。

梅尔·瓦特说，如果我们可以通过对话发现符合双方共同利益和共同兴趣的事情，结束地理上如此接近的双方之间的分歧，难道不是一桩美事吗？

伊利洛伊州众议员拉什说，劳尔和媒体描述的完全不同，他很幽默，对我们很亲近，对历史很了解。

老卡亲自出面会见

之后，卡斯特罗会见了代表团中的3名议员，进行了近2个小时的交谈。这是自老卡患病接受手术以来首次与美国政界人士见面。

见到卡斯特罗的议员都很激动，因为这实在出乎他们的意料。卡斯特罗健康的神态也给他们留下了极其深刻的印象。

芭芭拉说，我与另外两名议员拜访了卡斯特罗的住所，并受到其夫人的热烈欢迎。卡斯特罗非常绅士，彬彬有礼。我们都认为他非常健康，精力非常充沛，充满活力，思路很清晰。

她还说，卡斯特罗对政治形势依然保持着极高的兴趣，而且消息非常灵通。

美国议员认为，卡斯特罗出面会见这一“高级别”的接待，传达出古巴希望改善两国关系的明确信号。

劳拉·理查森说，卡斯特罗注视着他们的眼睛询问：古巴要如何做，才能推动奥巴马做出努力，改变美国的外交政策？她感觉，卡斯特罗希望在他有生之年看到古巴与美国关系解冻。

老卡确实一直关注着美国议员团在古巴的活动。他不但亲自出面会见，还先后撰写了《访问我们的 7 位众议员》和《同芭芭拉·李和其他黑人议员委员会成员的会晤》两篇专栏文章。

卡斯特罗很巧妙又不失时机地向人们介绍古巴。他在文章中说，代表团很难看到带着仇恨表情的面孔，他们大概会羡慕这里没有文盲，街上没有擦皮鞋的孩子。那些去上学的大中小学生，我们的幼儿园、老年之家、向全体国民提供医疗服务的医院、诊所，所有这些都逃不过任何批评的眼睛。在世界经济危机的情况下，这里没有人需要排队寻找工作。街上走动着的人们都是积极活跃的，总是那么快乐，同那些外界多次介绍的没有感情、刻板的古巴全然对不上号。作为数十年被困扰、攻击和封锁的第三世界的一个小国，古巴虽然贫穷却有尊严。很多最富有国家的民众也没有享受到古巴人所享有的待遇；他们中的很大一部分人甚至没有选举权，而我们的公民 90% 以上可以行使选举权，他们会读会写，掌握文化，了解政治。

卡斯特罗赞扬 7 位众议员对古巴进行的访问，称他们是美国重要的政治代表团，赞扬他们的观点有趣又有深度，话语简洁却意义深刻。他引述其中一名成员的话说：奥巴马应该利用机会，摒弃前任政府的错误做法。

卡斯特罗说，议员们普遍认为，现在 68% 的美国人赞成美国改变对古巴的政策。其中一位议员表示，应该利用黑人总统入主白宫和舆论支持两国关系正常化这一历史时机。另一位议员还表示，奥巴马将改变对古巴政策，而古巴也应协助他。

卡斯特罗说，不是我们挑起的事端，我们亦未威胁过美国。古巴不准备采取主动。同时我们也已说过，在美国，客观的实际情况远比奥巴马真诚的愿望要强大许多。

（二）卡斯特罗回应奥巴马放宽对古巴限制措施

2009年4月13日，白宫发言人宣布美国政府决定解除对美国公民前往古巴探亲及向其在古巴的亲属汇款的限制，扩大美国对古巴人道主义物资捐赠种类和对象，并支持美国企业进入古巴电信网络和卫星广电服务市场。这些限制的解除，推翻了大多在布什时代经《赫尔姆斯 — 伯顿法》而强化制裁古巴的措施。

外界普遍认为，美国政府向古巴伸出了橄榄枝，美国对古巴政策正在出现转变。

但美国此次的政策调整并没有太多的令人意外之处，算不上一大步。卡斯特罗在14日马上撰文对此进行回应，文章的标题是《对于封锁只字未提》。

卡斯特罗说，奥巴马虽然宣布解除一些限制，但对封锁只字未提，而封锁是最残酷的措施。它带来的伤害并不仅是经济影响来衡量的。

卡斯特罗说，一些美国参议员支持美国解除对古巴的封锁。他们为奥巴马提供了机会，他可以运用他的才智提出建设性的政策，结束持续近半个世纪的已失败的封锁制裁。

卡斯特罗还说，从另一方面，古巴一直在反抗，而且如果需要的话，还将继续反抗下去。但古巴不会把其他美国政府犯下的暴行归咎奥巴马；也不会怀疑他要改变美国政策和形象的诚意和愿望。正是从这个实际出发，古巴国务委员会主席已表示过，他已做好准备，在严格尊重主权的基础上同奥巴马对话，并实现同美国关系正常化。

（三）老卡抬高对奥巴马评说的调门

2009年4月下旬，卡斯特罗针对奥巴马撰写了两篇文章，先是《奥巴马与封锁》，后是《峰会与谎言》，言辞逐渐犀利。有媒体评，卡斯特罗在为美古关系“降温”。

卡斯特罗引用奥巴马答记者问时的话：“劳尔说过，他的政府已准备好和我国政府对话，不仅谈解除封锁，也谈其他问题，诸如人权，政治犯，这是一个进步的信号。有一些事情古巴政府是可以做的。他们可以释放政治犯，减少对美籍古巴人汇钱给其家人时的税额——古巴政府从中获取了巨大利润，这将成为两国政府致力于帮助古巴家庭和提高古巴生活水平的一个例子。”

对此，卡斯特罗说，毫无疑问，奥巴马总统对劳尔的表述理解有误。古巴国务委员会主席劳尔表示，已准备好可就任何问题同美国总统进行商谈，并称不惧怕涉及任何事务。这是一种对革命原则充满勇气和信念的展示。

针对古巴对汇款征收“高额税赋”和“获得巨额利润”的说法，卡斯特罗回击道，这是总统的顾问们为在古巴人民制造不和而进行的挑拨。所有的国家在兑换外汇时都会收取一定数额的费用。如果是兑换美元，我们更有理由这样做，因为这是对我们进行封锁的国家的货币。不是所有的古巴人都有可以汇款回来的国外亲戚，因此把一小部分钱分配给那些最需要食品、药品和其他物品的人，这种做法绝对公平。

卡斯特罗还就此指责美国滥发货币，造成了今天的经济危机。卡斯特罗责问：负债累累的美国用什么钱来拯救他的银行和多国公司？让未来几代的美国人吗？这些问题是奥巴马准备谈的吗？

对奥巴马回答记者关于美国对古巴政策的表述，卡斯特罗认为太肤浅。卡斯特罗说，我们应该等待那么多年让他们来结束封锁吗？封锁不是奥巴马发明的，但他却像他的10位前任一样行事。可以预言，在这条道路上，等待他的将是和他的前任一样的失败。

卡斯特罗对奥巴马在美洲峰会最后会议和记者招待会上的表现

亦进行评说，称其自大，并说对美国总统的这种态度并不陌生。

卡斯特罗说，在峰会的最后声明中甚至没有提及对古巴的封锁，美国总统用此来为他的行动辩护，并掩盖了美国政府对古巴的所谓特许。我们非常理解美国新总统在改变对古巴政策方面的实际局限性，但不能谅解他用谎言为其行动辩护。

卡斯特罗说，难道我们应该为执行与布什同样的对付古巴的政策，利用失真技术入侵我们广播电视空间的行为鼓掌吗？我们应该接受美国继续封锁直至给古巴带来资本主义民主的权利吗？

在提及奥巴马承认拉美和加勒比国家的领袖们随处向他讲到古巴医生的服务情况时，卡斯特罗说，在潜意识中，奥巴马知道古巴因其医疗服务在地区享有盛誉。但他未必知道，除了拉美和加勒比外，古巴也向非洲、亚洲、大洋洲国家派遣医生，甚至派了医疗队参与抢救遭受卡特莉娜飓风的美国新奥尔良灾民。此外，很多国家的成千上万的青年人在古巴被培养为医生；还有上万名青年目前正在学习中。除了卫生领域，在教育、体育、科学、文化、节约能源、植树造林、环境保护等很多领域古巴同很多国家都有合作。古巴的儿童死亡率低于美国；长久以来古巴已没有文盲；无论白人、黑人还是混血人种的儿童都有学上，连需要特殊教育的残疾儿童都不例外。虽然我们还没有达到全部公正，但我们已保证了最大可能的公正。

卡斯特罗说，我们从未寻求过什么影响和支持。支撑我们斗争和反抗的是原则。古巴从未要求过资本主义民主，也没有打算向美国输出我们的制度。

卡斯特罗说，我们生活在新时代，变革是不可避免的。领袖们不过是过客，人民才是永存的。不用等待千年，8 年足矣，又一个美国总统将占据这个位置。毫无疑问，他不会有奥巴马聪明，也不会像他那样承诺，更不会在世界上受到如此的瞩目。

4月30日，美国务院发表报告，继续把古巴等国列入“支持恐怖主义国家”黑名单。

卡斯特罗在同日撰文反击，再次抨击美国政府对古巴政策。卡斯特罗说，北方强权和古巴革命的冲突无从避免，我们这个小国的英勇抵抗被低估。美国企图让已经知道自由滋味的古巴重新像奴隶一样屈服于美国，重新接受鞭子和枷锁。

卡斯特罗称，古巴正在仔细研究奥巴马的政策，以判明美方的真实意图，“我们并非是能被轻易愚弄的傻子”。

看来，卡斯特罗对奥巴马的看法已发生了转变，从上台之初对其寄以厚望，期盼其能在两国关系上有所突破，到放弃幻想，坚持继续斗争。古巴和美国已斗争了50多年，真的不在乎再多斗几年。

这也是古巴的硬骨头精神。

九、卡斯特罗度过83岁生日

2009年8月13日，卡斯特罗83岁生日悄然到来。古巴没有举行大型庆祝活动，只有一些社会团体、群众组织自发地集会，为老卡庆生。但卡斯特罗照片展，以及思想词典的发表，还是给他的生日带来了喜庆的色彩。特别是老卡的忘年交、委内瑞拉总统查韦斯远道而来的祝贺，更使老人乐不可支。西方媒体也在密切关注、追踪老卡的一切。墨西哥媒体就将他称为古巴目前“看不见的引路人”。不难看出，耄耋之年、已放弃权力的卡斯特罗依然具有非凡的影响力。

儿子所摄近照引人注意

12日在哈瓦那国家饭店展出的《卡斯特罗照片展》，可谓是给老卡生日的一份献礼。

策展人阿图罗·苏亚雷斯介绍，展览可称为“83 个主题”，由 80 幅照片和 3 幅油画组成，其中包括 1955 年卡斯特罗在纽约的留影、1959 年和切·格瓦拉的合影、1960 年和美国著名作家海明威的合影以及 1998 年与到访的教皇约翰·保罗二世的合影等。此外，还有一些卡斯特罗在各种集会演讲、游行队伍中、会议上、出访他国等拍摄的照片，以及潜水、划独木舟、给吉普车换轮胎、躺在吊床上、坐在雪地中等生活照。

在展出的照片中，一张老卡近照成为媒体关注的焦点。这是一张卡斯特罗的半身特写。照片中的卡斯特罗半侧着脸，微微蹙着眉，在沉思着什么。他脸色红润，看上去气色不错；美髯依旧，只是多了些花白色；头上戴着一顶藏蓝色的棒球帽，身穿一件黑色圆领衫，外套一件白色运动夹克，帅气十足。多家西方媒体采用了这张照片，称卡斯特罗看起来比他术后拍摄的其他照片显得更健康、更精神。

苏亚雷斯告，这张照片是由老卡的儿子、职业摄影师阿莱克斯拍摄的。他没有再进一步地说明拍摄时间，只说摄于近期。

路透社认为，这张照片大约拍摄于两周前。

我想，也许这是应策展人请求，作为展览的一个主题而专门拍摄的吧。

老卡思想词典引来抢购

配合卡斯特罗的生日，古巴 8 日出版了《菲德尔·卡斯特罗思想词典》一书。第一版 2000 本，大部分分发给各有关单位，仅有 700 本上市销售，很快就被人们抢购一空。

这本“思想词典”共有 497 个词条，收录了老卡 50 年来在演讲、写作和接受采访时阐述的 1978 句格言。词典按照字母排序，涉及政治、经济和社会各个方面，汇集了卡斯特罗思想的精华。

古共党校的演讲分析教员苏西是该书的主编。他说，卡斯特罗的思想紧跟时代，是古巴和世界的宝贵财产。《格拉玛》报称，这部词典是卡斯特罗思想的样本。

多年来，卡斯特罗在世界政坛上一直是吸引眼球的风云人物，是跨越了两个世纪的领导人。他不畏强暴，敢做敢当；坚持信念，追求理想；他亲历了社会主义阵营的荣辱沉浮；经过了冷战时期的对抗冲突；见证了许多重要的历史时刻；对阵了10位美国总统；在美国围追堵截、异常严酷的近半个世纪的经济封锁中，带领古巴人民顽强地走了过来，西半球的这面社会主义旗帜始终不倒。他的个人魅力使得他的敌人也不由得为他倾倒。尽管卡斯特罗自称“属于已经过去的那个世纪的人”，但世人眼光始终没有离开他。卡斯特罗成就了一段神话，一个传奇。

巴西前总统卢拉说：“菲德尔是人类历史上活着的神话式人物，而且这一神话还将继续下去。”

哥斯达黎加政治领导人、社会党国际拉美地区副主席罗兰多·阿拉亚说：“菲德尔说话的时候，全世界都会全神贯注地倾听。如果不承认卡斯特罗是一位具有伟大影响力的世界人物的话，似乎显得有些小气。这不是因为他领导的古巴模式，而是他在这样一个敌对的、剑拔弩张的环境下得以生存。”

卡斯特罗才思泉涌，口才超群。他超长时间的演讲，不但不使人们困乏，相反能令听众如醉如痴。他的自信，他的坚毅，给他的人民传递了力量；他的幽默，他的睿智，令他的追随者超越国界。卡斯特罗的思想内涵丰富，他纵论天下的各种主张更是不时见诸报端，成为人们传颂的名言。在拉美地区，卡斯特罗一直具有极强的影响力和感召力。将他重要的理论、观点、思想、主张集结成册，实在是一份对老人寿诞的最好礼物。

挚友的生日问候

查韦斯总统可以说是卡斯特罗最亲密的朋友。卡斯特罗很欣赏查韦斯的冲天革命干劲，视他为拉美左翼继续前行的新一代带头人，对这位小老弟寄以无限希望。相差近30岁，作为两代人的卡斯特罗和查韦斯，有着永远也说不完的话题。近些年来，查韦斯隔三差五就会跑到古巴拜访卡斯特罗；老卡病后无法远行，打给查韦斯的热线电话却始终不断；不时地，老卡还会通过电话“光顾”查韦斯的“你好，总统”电视节目，让广大观众分享他们的谈天说地。

此次卡斯特罗生日当天，查韦斯放下手中工作，前来哈瓦那为其祝寿，令卡翁着实欢喜了一番。两人自然是一通促膝长谈，两张名嘴凑到一起，哪有不谈个昏天黑地的道理。13日没有尽兴，14日继续聊，直聊到再去机场的时间到。

《格拉玛》报对查韦斯的到访用外交辞令进行了报道，称委内瑞拉总统查韦斯13至14日访问古巴期间，两次与古巴革命领导人卡斯特罗进行长时间会晤，就双边关系和共同关心的国际问题交换了意见，会晤“富有成果”。报道还说，劳尔参加了会晤。至于他们都谈了些什么，无可奉告，只给人们留下了充分的遐想空间。

寿诞日亦笔耕不辍

在《格拉玛》报发表专栏文章已成了卡斯特罗现在的主要生活内容之一。他思想活跃，密切跟踪着世界上发生的一切大事，并将他对问题的思考源源不断地提供给世人。最多的时候，一天他会写上两、三篇，一个月发表二十六、七篇，绝对算得上多产作家。他的话代表着古巴的立场，在国际舞台上仍是掷地有声。

13 日当天，老卡的文章依然见报。他就全球经济危机、气候变化等一系列国际问题发表了看法。

文章中可见老卡的一贯作风，对宿敌美国穷追猛打，毫不客气地抨击美国应对经济危机的政策。卡斯特罗讽刺说，北美政客普遍认为，一旦银行有足够的美元为生产部门的机器加油，一切就将向着田园般的、从未梦想过的世界进发。但他们不知道，上世纪三十年代的经济危机和目前的经济危机有着很多不同。

卡斯特罗说，美帝国主义及其资本主义盟友在互相竞争的同时，力图使世人相信，其应对经济危机的措施就是救世良方……但欧洲、俄罗斯、日本、韩国、中国和印度没有通过出售国债，也没有通过大量印钞募集资金，而是采取其他措施保卫其货币和市场，其国民不得不经常为此节衣缩食。亚洲、非洲和拉丁美洲绝大多数的发展中国家变成了为打碎的盘子付账的人，并付出了大量不可再生的自然资源、汗水及至生命。

卡斯特罗说，一些人说经济危机是帝国主义的终结，也许应该说对于我们人类而言，它不是最坏的事情。在我看来，最好的事情永远是拥有一份需要捍卫的正义事业和继续前行的希望。

美国牧师报料与卡斯特罗会晤

总部位于纽约的一家宗教团体“牧师为和平”13 日在其网站上刊登了两张该团体创始人小卢修斯·沃克与卡斯特罗的合影。

沃克在当日接受了美联社记者的采访，称 7 月 24 至 8 月 3 日，他和该组织的一些牧师前往古巴，进行人道主义援助活动。2 日，卡斯特罗和夫人在哈瓦那的家中接见了他们，同他们畅谈数小时。

沃克对卡斯特罗的评价是“强壮，有活力”。称“他看上去不错，好像体重增加了一些，思维敏捷，表达清晰，极大地显示出已从非常严重的疾病中恢复的迹象”。

沃克说，会面中谈及医疗保健、该组织向古巴提供援助，以及古美关系等话题。

沃克还说，卡斯特罗向他们谈及他目前的生活。他已能长途行走；他不喜欢草地，因为草地不平，走起来不方便，他更喜欢走在平坦的路面上。他还讲到他的饮食，详细介绍了他以水果和蔬菜为主的健康食谱，并说他最钟爱的另一种食品是酸奶。

在网站公布的照片中，可以看到，卡斯特罗站在三位身着红色上衣的牧师中间，神采奕奕，容光焕发，给人的印象绝对是一个健康矍铄的老人。西方媒体对老卡身体状况的种种猜测已是不攻自破了。

十、卡斯特罗再现荧屏

2009 年 8 月 23 日晚，古巴国家电视台在新闻节目中播放了老卡接见委内瑞拉学生的一段录像，这是卡斯特罗 14 个月以来首次现身荧屏。上次见到老卡的身影是在 2008 年 6 月，卡斯特罗会见查韦斯总统。

这段视频长约 6 分钟。依然是老卡哈瓦那家中的场景，电视中的卡斯特罗穿着蓝色运动服，与一群兴高采烈的大学生交谈着。他告诉学生们，古巴支持亲密盟友查韦斯领导的委内瑞拉政府。他还对全球气候变化表示担忧。

他说，我们正面临着非常非常非常严重的问题，甚至威胁了我们的生存。美国政府已将全球气候变暖列为危及美国安全的事态之一。他们（美国人）正在讨论谁将最后一个死去。

卡斯特罗的话把在场学生逗笑了，气氛很轻松。

这些学生是委内瑞拉卡拉博博大学（Universidad de Carabobo）法学院刚刚结业的毕业生，已取得律师资格。他们能够上大学要感谢老卡的资助，是第二批“菲德尔·卡斯特罗行动”的受益者。这个项目是专为优秀的贫穷人家子弟设立的。

交谈中，学生们送给卡斯特罗一件和他们穿着一样的、绣有古巴、委内瑞拉两国国旗的T恤衫作为纪念。他们将老卡围在中间，一起合唱了一首“我们爱你，菲德尔”的歌曲。

电视节目中的卡斯特罗比照片更生动。他面色红润，神采飞扬；眼含笑意，和蔼可亲；思维敏捷，声音清晰；指点江河，谈笑风生。这时的老卡依然举世瞩目，但已少了叱咤风云的锐气，多了长者暮年的慈祥。英雄虽老，英气犹在，难怪卡翁粉丝遍及全球！

期待着在今后的日子里，能够再次与他零距离的接触。

第四章　追寻卡斯特罗的足迹

一、访问圣地亚哥——古巴革命的发祥地、关塔那摩——美军基地

2007 年 1 月，我们应劳尔·卡斯特罗之邀赴古巴东部的圣地亚哥省和关塔那摩考察访问。这是我们在之前做的约定。劳尔说，我们要给中国驻古巴大使比其他人更多的机会了解古巴。

古巴外交部每年都会为驻古巴使节安排几次使节旅行，到古巴各地看看，了解古巴国情。我们在这些访问之外，还享受了几次单独访问的殊荣，这是中古友好的象征。对此我们心存感激，这对我的工作是巨大支持，通过这些访问，我们确实在不断加深对古巴、对卡斯特罗兄弟、对古巴革命的了解。

远眺关塔那摩美军基地，被美国政府非法占领的古巴领土

位于古巴圣地亚哥的圣伊菲赫尼亚陵园中的何塞·马蒂纪念馆。

蒙卡达兵营

这次访问是由革命武装力量部负责安排的。劳尔给他们明确指示：要让大使多看些地方。于是，我们此行有了一个非常详尽的日程，参观了很多具有革命历史意义的地方。

革命武装力量部为我们准备了军方公务机——安24，还让革武部对外关系局武官工作处副处长阿斯特拉因少校全程陪同。少校36岁，浓眉大眼，相貌堂堂，是个很精神的小伙子，曾在洛阳军事外国语学院学习过一年中文，有个中国名字叫白德华，会些简单会话。这样周到的安排也算是费尽心机了。

安24是架有多年历史的老飞机。机舱分三部分。登机后先是公务舱，我们被邀请在这里落座。公务舱中一边是对坐的4张宽大座椅，中间有一张很大的桌子；另一边是一张单人床，可以很舒服地躺下休息。后边两部分与其他飞机的经济舱无异，都是两、两或三、两的座椅，各有10个和8个座位，共可搭乘20多人。那天确实有十几个人与我们同机。飞机够老旧，冷气一开，四处冒着白气，看着怪吓人的。少校看出我们的担心，笑着告诉说，飞机很安全，不会有问题。果然，飞起来后感觉挺好，起降很平稳。我们来回都是坐的它。

（一）关塔那摩

关塔那摩是古巴的一个省，位于古巴岛最东部。省会关塔那摩市，是重要的港口城市，设有机场。这里因设有美军基地而闻名遐迩，这也是我们此行到这里考察的原因，很想看看美军基地到底是个什么样子。

我们首先抵达关塔那摩。省委第一书记托雷斯、省人民政权代表大会主席纳瓦罗和省驻军司令伊格纳西奥少将在机场迎接我们，并由省主席和边防旅旅长格拉少将陪同我们参观，礼遇规格是很高的了。

旅长是一个壮汉，胖得有点不像军人，不知他还能参加急行军否？才 43 岁，军衔已至少将，在古巴也属提拔较快的了。但很显老，看上去要比实际年龄大十来岁，这大概是军旅生涯长期在野外摸爬滚打的结果。

我们的车直接开到了边防守卫区。进了营区大门，见士兵早已在路旁列队站好，对我们夹道欢迎。士兵以黑人为主，还有一些女兵。据司令介绍，女兵和男兵一样轮流上岗，值勤放哨。

我们边听介绍，边参观了一下营区。先看了连队政治教育室，和我们一样，他们也有连史教育；士兵学习室，这里有电脑等供士兵学习，有报刊书籍可以阅读；女兵宿舍，上下双层铁床，被子叠得很整齐，每人有一个小衣橱，还有专门房间存放便服，供假日出行穿用。男兵宿舍没有参观，估计男孩子们的住处不会这么干净整洁，有些见不得人吧。整个营区看上去规划得不错，整齐划一，井井有条。我们赠送给他们一台长虹 25 寸彩电，算是为丰富连队生活做些贡献。随后，应他们要求与士兵合了影。由于时间关系，我们没有和士兵们展开自由交谈。他们看上去很拘谨，大概来参观的人，特别是外国人不多。

接下去就是要看看关塔那摩美军基地了。我们先在防区看了基地沙盘模型。

美军基地设在关塔那摩湾。

关塔那摩湾在市区南部 30 公里处，是世界最大、屏障最佳的海湾之一。单从形状上看，它像缺了一角的长方形。海湾约长 20 公里，最宽处有 8 公里，入口处仅宽 3 公里，靠近连接大西洋和加勒比海的向风水道，是一个能停泊大型舰艇的天然深水良港，因它扼守进入加勒比海的通道，是墨西哥湾、加勒比海和大西洋的交汇处，具有十分重要的战略地位。

以前，这里还是美军重要的战略后勤基地，负责对海军大西洋舰队的后勤支持；也曾作为大西洋舰队的主要训练场。1995年以后，舰队训练等活动迁到了美国本土和波多黎各进行。2001年阿富汗战争后，因作为关押和审讯基地组织成员的地方而再次受到了世人瞩目。

追溯这里成为美军基地的历史要回到殖民地时代。19世纪末，古巴正在努力推翻西班牙殖民统治的斗争中。在古巴的美国商人和种植园主为起义风潮担惊受怕，要求美国政府出兵保护。美国派了他的装甲战舰“缅因号”到古巴，但该舰在哈瓦那港口发生爆炸，导致260名水兵丧生。这是一次意外，还是恐怖袭击？抑或是美国人自己制造出来的借口？原因至今不得而知。但有消息称，在那次爆炸事件中，所有士兵全部丧生，而军官只有两名在舰上的被炸死，其他军官都在岸上，让人怀疑是美国看到古巴快独立了，为了夺取古巴而上演的自残把戏。不管怎么说，美国终是以此为由，打出“悼念美国战舰，让西班牙人见鬼”的口号，向古巴发起了进攻。此时的西班牙人早已被古巴的起义斗争搞得筋疲力尽，美国没费吹灰之力就取得了胜利。

1898年，美国海军登上了这个天然良港，关塔那摩湾挂起了美国国旗，美军在此建起营地。

美国窃取古巴独立的胜利果实，遭到古巴人民的强烈反抗。为了平息古巴的反美情绪，美国答应撤军，允许古巴独立。1901年，美国参议院外委会主席奥尔维·普拉特向美国国会提出关于美国和古巴关系的修正案，即著名的“普拉特修正案”。法案规定：“古巴政府应向美国提供建立储煤站和海军基地所需的领土”。在美国的威逼欺骗下，古巴制宪会议被迫接受了该修正案，并将它作为附录加入当时的古巴宪法。1903年，美国利用“普拉特修正案”与古巴签署协议，租借关塔那摩湾 99 年，年付租金 2000 美元。1934 年，美国将租金增至 4085 美元。1938 年，该协议变成了永久性租借合同。美国在湾内建立了大型海军基地，后来又增建了要塞和机构，以及医院、商场、教堂、电影院、高尔夫球场等为驻军和家属服务的各种设施。

古巴革命胜利后，卡斯特罗领导的革命政府拒绝收取租金，要求美国归还租地，遭到美国拒绝。古巴因此断绝了对基地地区水、电、油、食品等一切供应。美方只得自己建设了发电站和海水淡化系统。但淡化水只能用作洗澡、洗衣等日常消耗，饮用水、食品以及基地使用的汽油等就得完全靠船只、飞机从外界运来了。所以说，关塔那摩基地是美国在海外基地中耗资最大的基地。

美军基地与古巴的分界线是一条公路，边境线长 30 公里，双方均在道路两边布有地雷，以防有人越境。但由于基地三面临海，一面有重兵把守，还有带刺的仙人掌和灌木形成的天然屏障，拘留者逃脱和外来者闯入的可能性都极低。公路可以行车，由古巴方面管理。基地四周被古巴列为军事管理区，用铁丝网围起。边境线上有口岸，每天开启，供在基地工作的古巴工人进出，他们都是早上进入，晚上返回。基地原雇用了大批古巴人，古巴革命胜利时约剩百余人。古巴政府的原则是自然削减，这百十来号人走了、死了，均不允许新人续上，因此到我们参观时在基地工作的古巴人仅剩 8 名。据后来美联社的消息，到 2012 年底，随着 79 岁的罗萨和 82 岁的亨利退休，关塔那摩美军基地再无工作的古巴人。

我们乘车登上离基地不远的一座小山丘，这里设有一个瞭望台。借助望远镜，可以看到基地全景。基地面积共 117 平方公里，被海湾分成两部分。一边略大一些，是美国驻军及监狱所在地，有一个小机场，大概是作为备用的；小一点的那边，是一个大机场，是美军运输补给的主要场所。在中心地带，有一所红顶房子，是现在古美双方定期会晤的地方，类似“板门店”。

通过司令等人的指点，我们终于找到了美军关押基地组织恐怖分子的地方。那是一排靠近加勒比海边的白房子，在基地一隅，差不多到了最西端，离其他建筑物有一定距离，是 2001 年 8 月专门为集中关押基地组织和塔利班嫌疑犯而新建的。这些房子看上去就像集装箱，又像火车的车厢，长长的一溜，上面有一排长窗，间隔很密集，如果一个窗户就代表一间监舍的话，每间房间都很小。美国将关押在这里的人员列入“敌方战斗人员”，拒绝给予《日内瓦公约》规定的战俘权利。国际社会一直关注这里监狱的恶劣情况，呼吁关闭这一监狱。

参观毕，已是 11 点多，军方在一旁的小茅棚中为我们准备了很丰盛的茶点。要不是日程中安排午餐在省政府宴请，简直以为这就是午饭了。只见长条桌上摆满了食物，有蔬菜沙拉、炸土豆条、炸白薯条、炸香蕉片、烧牛肉、烧鸡、豆饭……，每人面前还摆上一块古巴生产的巧克力。看来军队的日子，特别是边防部队，要比一般百姓更强些。中午省长的宴请，也没有比这好更多。

（二）圣地亚哥

下午，我们驱车赴圣地亚哥，约两小时车程。

圣地亚哥是古巴第二大城市和第二大港口，因位于古巴东部，曾称东方省。16 世纪时这里曾是西班牙殖民地首府；19 世纪又成为 3 次独立战争的发祥地；1953 年卡斯特罗在这里领导了攻打蒙卡达兵营行动，虽以失败告终，但“7 • 26 运动”却永远载入了古巴革命的史册；1959 年这里又成为卡斯特罗推翻巴蒂斯塔政权的根据地，因此，圣地亚哥有着“不屈的东方省”、“古巴革命摇篮”、“英雄城”

等美誉。

抵达圣地亚哥，我们下榻省军区宾馆“海鸥别墅”（VILLA GAVIOTA）。这是由14幢小别墅组成的宾馆，全开放式，连院墙都不设，路人可在此间任意穿行。14幢房屋散落在街道两旁，只有竖在房前的小木牌写着楼号，让人知道它属于宾馆。古巴的社会治安怎样，由此可见一斑。我们住的是1号楼，在一个地势略高的小山丘上，形成了一道天然屏障，有一副1.5米高的铁栏门，大概算是贵宾楼了。宾馆还为我们专门安排了厨师、房间服务员等工作人员，经理也专程过来迎送。特别是出发那天早上，因为要赶飞机，我们6点吃早饭，6：30出发，一行服务人员和经理全部一早就到，陪我们起了个大早，真是于心不安。

入住后时间还早，我们上街转了一圈，想实地看一看老百姓的生活情况。在路人的指引下，我们转到了街区商业中心。

被称作“商业中心”的地方实在太寒酸了，不过是一排很破旧的平房，房间内亦是空空荡荡，每间房销售不同的物品。人们拿着供应本，凭证购买配给的食物。商店看上去也没有多少存货，大概只能到货供应了，有什么就卖什么。转一圈下来了解到的情况是：白糖每人每月供应5磅（据说这个数量古巴人是不够用的，他们的嗜甜程度真吓人），精制白糖每磅0.15比索，原糖每磅0.10比索；面包每人每天1个，每个0.05比索；大米每人每月6磅，每磅0.25比索；鸡肉每人每月1磅；鱼1磅；鸡蛋每人每月10个，其中8个为平价0.12比索/个，2个为高价0.80比索/个；食用油每人每月150克；6岁以下婴幼儿每天有牛奶供应；7—12岁儿童有豆奶供应；70岁以上老人供奶粉。还有肥皂、牙膏、洗衣粉等日用品，也是凭证供应。

商业中心还有供应烟酒的小铺子。简装《大众牌》香烟，是古巴雪茄中最次的烟叶制成，但味道比中国的香烟还是要强烈得多，每包 20 支装 7 比索[1]，可以按支散卖，我们就看到一个人买了 5 支拿着走了。酒也可以散买。这种用甘蔗制成的朗姆酒，没有我们的白酒度数高，但在这里已算是烈酒了。正好一位老人过来，买了一杯酒。只见售货员用一个白酒杯大小的小量杯量了三小杯，倒在一只纸杯里，老人接过后，站在柜台前，没有任何下酒菜，仰头一饮而尽，抹抹嘴心满意足地走了。

在圣地亚哥省的参观基本都是“革命历史和光荣传统教育”，很像我们七十年代接待外宾的做法。作为古巴革命的圣地，可看的历史景点着实不少。

何塞·马蒂墓

我们先去看了安放有何塞·马蒂灵柩的圣伊菲赫尼亚（SANTA IFIGENIA）陵园。该陵园修建于 1868 年，很多古巴革命烈士都安葬于此。最著名的人物除马蒂外，还有率众打响第一次古巴独立战争第一枪、被尊为古巴国父的塞斯佩德斯。2016 年卡斯特罗去世后，根据他的遗愿，也安葬在了这里，永远地陪伴在他思想的导师和革命战友们身旁。圣伊菲赫尼亚陵园因卡斯特罗的落葬再次为全世界瞩目。

何塞·马蒂生于 1853 年，是古巴杰出的爱国者、革命先驱、卓

[1] 古巴实行双轨货币，即国内通行货币和外汇券。我们按其颜色，将古巴国内货币称为“绿比索”，将外汇券称为“红比索”。其比价为：1 红比索 =24 绿比索；1 红比索 =1.08 美元（但用美元在银行进行兑换时，需加收不菲的手续费，真正换到手的比价为 1：1.25）；1 红比索 =8.35 人民币；1 绿比索 =0.35 人民币（以上比价均为我们参观的 2007 年时的价格）。古巴人日常生活及基本食品供应一律用绿比索支付，基本生活开支非常低即可满足。

越的独立战争领袖、伟大的思想家和民族英雄，有着古巴国父的地位。他从 15 岁起就参加反抗西班牙殖民统治的革命活动；17 岁被捕并罚作苦役；18 岁被放逐到西班牙，在西班牙期间，他到大学学习，仍为古巴的独立奔走呼吁；21 岁时他离开西班牙，决定回到祖国斗争的第一线去，却遭到殖民当局禁止上岸，只好辗转墨西哥、危地马拉，以思想为武器，赞美祖国，讴歌独立，宣扬爱国主义，揭露殖民统治；25 岁终于返回古巴，继续为争取古巴独立进行不懈的斗争；42 岁时在独立战争中牺牲。马蒂把短暂的一生完全献给了争取祖国独立和拉美自由的事业。

古巴革命继承了马蒂的民族解放思想，卡斯特罗称马蒂是古巴革命的主要谋划人。马蒂思想被纳入古巴共产党党纲和古巴共和国宪法，成为古巴党和国家的指导思想。

马蒂墓坐落在陵园最前端，面对入口处的国旗，是一个六角形带穹顶的乳白色呈柱状高大建筑，有四、五层楼高，底部六根石柱象征着古巴在西班牙统治时期的 6 个省。墓前门口有卫兵 24 小时守卫，每半小时换一次岗。我们看了卫兵换岗交接仪式。只见三名身着礼服的士兵，手持钢枪，伴随着鼓点，呈品字形迈着正步从陵园入口处走来。及近，才发现后面两位是女兵。到岗后，前边引领的士兵又带领两位下岗士兵按原路返回。交接仪式庄重而肃穆。

进得陵墓，在两层楼高的位置是一尊几米高的汉白玉马蒂雕像。他头微微低垂，呈沉思状，俯视着芸芸众生，一副先天下之忧而忧的悲戚表情，给人以壮志未酬身先死的痛感。雕像下是马蒂的石棺，上面覆盖着古巴国旗。陵墓四周墙上嵌有 21 块铜牌，是美洲 21 国国徽，标志着马蒂解放美洲大陆的雄心。穹顶镶有玻璃，让阳光自由地照射进来。四周廊柱间是开放式的，给人豁然敞亮的清新感觉，不像一般陵墓黑黢黢、阴沉沉的，这情景正应了马蒂的诗句“在国旗和鲜花的包围中，在太阳照耀着的地方”，建设者的良苦用心尽在其中。

蒙卡达兵营

接下来，我们参观了蒙卡达兵营旧址，这是当年卡斯特罗发动起义率兵攻打的地方。今天它的一部分已改为“7·26”学校，另一部分辟作历史博物馆，作为对“7·26运动”永久的纪念。

兵营主体建筑是一栋像碉堡一样，中间高四层，两旁为两层的楼房，如今漆成亮丽的姜黄色，楼房的墙壁上至今还保留着当年作战遗留下的一个个弹孔。在巴蒂斯塔独裁统治时期，这里曾是古巴全国第二大军事要塞，驻扎有千余名装备精良的政府军士兵。

在7·26革命历史博物馆，陈列着大量图片、实物，详细记载了卡斯特罗等革命先驱创建早期革命组织7·26运动及开展武装斗争的情况。

1952年3月，在总统大选中处于劣势的巴蒂斯塔通过军事政变夺取了政权。随后，他解散议会，废除1940年前的宪法，制定了“宪法条例”和反劳工法，禁止政党活动、群众集会和罢工，并与美国签署了军事互助条约。其独裁行为引起古巴民众的强烈不满。在这种情况下，卡斯特罗领导的革命力量决定以武力手段推翻巴蒂斯塔的政权。

卡斯特罗从古巴各地招募了1200人组成游击队，进行秘密训练。他们计划攻打圣地亚哥省（当时称为东方省）的两个政府军兵营——蒙卡达兵营和巴亚莫兵营。但最后正式行动时只有165人参与。

1953年7月26日凌晨，趁着星期天和当地正在举办传统狂欢节兵营守备松懈，起义者发动了袭击。其中133人分乘20多辆车从“西波涅”庄园向圣地亚哥出发，他们分成三组，为首的一组由卡斯特罗率领，任务是攻打蒙卡达兵营的碉堡；第二组和第三组分别由阿维尔·圣塔马利亚和卡斯特罗的弟弟劳尔带领，任务是攻占兵营附近的两个重要建筑——市立医院和司法大厦。与此同时，另有28人赴巴亚莫，攻打那里的兵营。

遗憾的是，载有一半起义者和几乎全部重武器的车队因迷路未能及时赶到战斗地点，大大削弱了原本就不强大的战斗力。战斗打响后，阿维尔和劳尔率领的两个小组先后按计划顺利地占领了市立医院和司法大厦。但卡斯特罗率领的主力部队在按计划拔掉敌人的岗哨后，遭遇突然出现的政府军巡逻队，缺乏经验的起义者队伍中有人提前开了枪，惊动了兵营守军。政府军紧急出动，在强大的火力逼近下，完全处于劣势的卡斯特罗被迫下令撤退，袭击未能成功。攻打巴亚莫军营的行动也未能成功。

这次行动中，共有5人在战斗中牺牲。起义失败后，卡斯特罗试图率部队转移到山区继续斗争，但政府军四处抓捕起义者，卡斯特罗兄弟和参加起义的大多数人先后被捕，后来56人惨遭杀害。

宣判卡斯特罗的临时法庭

我们还参观了宣判卡斯特罗的临时法庭。巴蒂斯塔政府慑于卡斯特罗的影响力，没有循惯例在正式法庭公开审判卡斯特罗，而是找了个临时地方，秘密审理，草草走了一下程序。

它利用的是市立医院的一个医生办公室。这是一间不到20平米的小房，保留了当时宣判时的场景：一张长桌权作法官席，四把椅子是记者席，受审的卡斯特罗就坐在离法官不远的一把座椅上。房间靠里的一角还摆着一架站立的人体骨骼，那骷髅就那么龇牙咧嘴地注视着审判。

然而，卡斯特罗是不会轻易放过宣示自己行动和立场的机会的。

经过不断的抗争和努力，在法庭的一再干涉下，政府不得不做出让步，允许具有律师资格的卡斯特罗进行自我辩护。作为法律专业毕业的高才生，在这里，卡斯特罗发表了他那著名的长篇自我辩护词——《历史将宣判我无罪》，义正词严地揭露巴蒂斯塔政权的种种罪行。

卡斯特罗才思敏捷，语言犀利，嬉笑怒骂皆成文章。他的自我辩护，慷慨激昂，针砭时弊，持续了 2 个小时。若放在今日，放到国际辩论大赛场上，卡斯特罗无疑会摘取全场最佳辩手奖。

我们注意到，在一个展柜里还挂着一件古铜色的、貌似“睡袍”的长衫，不知它和审判有什么关系？询问之下才知，原来那是律师袍，在法庭上卡斯特罗作为自己的律师为自己辩护，正是穿的这件袍子。

这次审判的结果，卡斯特罗被判处 15 年徒刑，他的弟弟劳尔被判 13 年。卡斯特罗兄弟和他们的战友先后被送往松树岛（后改名为青年岛），关押在当时的国家监狱。

虽然攻打蒙卡达兵营的行动失败了，但这次行动令古巴民众觉醒，古巴国内反独裁斗争的浪潮一浪高过一浪。在人民的强烈反对下，巴蒂斯塔政权只好大赦卡斯特罗和他的战友。1955 年 5 月 15 日，卡斯特罗和其他攻打蒙卡达兵营的革命者都获得了自由。

为纪念攻打蒙卡达兵营行动，出狱后的卡斯特罗创立了以该行动日命名的革命组织“7·26 运动”，继续领导反独裁斗争，并于 1959 年 1 月推翻了巴蒂斯塔政权，夺取了古巴革命的胜利。

卡斯特罗兄弟在圣地亚哥市寄宿的旧居

在这里，我们还参观了卡斯特罗兄弟因求学寄宿的旧居。这是一套不大的、普普通通的民宅，和其他住宅比邻而建，坐落在城市中心区的一条街道上，离当时卡斯特罗兄弟就读的学校不远。现在这里成了故居博物馆。

卡斯特罗的父母非常重视子女的教育，为了卡氏兄弟有更好的学习环境，得到更好的教育，他们不惜花费重金，将卡斯特罗和弟弟劳尔从家乡农庄送到了当时东部最大、最好的城市来，让他们进入了当时最好的学校学习。因为家里离不开，妈妈无法留下陪伴他们，为了他们能够安心学业，只好找了一个管家帮助料理他们兄弟的日常生活。在千叮咛万嘱咐之后，妈妈留下不菲的生活费用给管家，满心牵挂地回去了。

一段时间后，实在放心不下的卡母前来探望，发现两个儿子面黄肌瘦。原来是管家克扣了孩子的生活费用，尽饱私囊。卡母伤心又气愤，决定换掉管家。但卡斯特罗兄弟对此却毫不在意，他们完全沉浸在学习的乐趣中，在这里尽情地研读、探讨，接受革命思想，为日后走上革命道路打下了坚实的基础。

二、访问卡斯特罗的故乡比兰

2008 年 5 月，我们赴奥尔金省参观访问，其间，拜谒了老卡的出生地比兰。

古方这次给我们提供的是安“24-200 型”飞机，只有 40 多个座位。古方陪同告诉我们，这架飞机原是卡斯特罗的专机，现在给政府部门用作公务机了。机长是有着 42 年飞行经验的将军，安全绝对有保障，请我们放心。我为此去驾驶舱问候了飞行员。小小的舱里竟然坐了 4 个人，两个制服上带着 4 道杠的肩章，另两个也有 3 道杠，都是飞行员序列中的高职衔了，可见古方真是非常重视。因为有了以往乘坐古巴公务机的经验，再坐它已是很放心。驾驶员技术很棒，把这个老旧飞机开得如同波音飞机一样平稳，几次起降，都很顺利。

比兰（Birán），是一个离奥尔金市约 2 小时车程的小镇，因卡斯特罗而闻名，一如中国的“韶山”，成了众人瞻仰的圣地。

卡斯特罗的父亲安赫尔（Angel）出生于西班牙的加利西亚，是个非常能干的人，性格坚强。他曾作为西班牙士兵随军来到古巴，在结束使命返回西班牙后，又二度回到古巴，选中了比兰这片酷似他的家乡的地方安营扎寨。这个贫困农民的儿子，从一无所有，白手起家，到逐步建起占地上千公顷的卡氏庄园，积累起不少的财富，其间是艰辛、苦干、精明、节俭，反映了第一代移民的奋斗创业精神。

安赫尔可算作大地主了。他拥有 1100 公顷属于自己的土地，后来，还向别人租了几千公顷的地，大多数都是未开垦的处女地。这些地遍布坡谷和山岭，其中一片丘陵地还生长着原始松林。安赫尔用这些土地种植甘蔗、玉米；还开发松林，进行伐木；饲养牲畜也为他带来不少财源。因为经营规模庞大，安赫尔雇用了不少农工，最多时 500 多人。

安赫尔在此成家，娶了比他年轻 28 岁、同样为西班牙人的美丽姑娘莉娜（Lina）。妻子为他生下三男四女七个孩子，加上与他们共同生活的岳母，形成了一个大家庭。菲德尔是他们的第三个孩子、次子；劳尔排行第四，三子。他们在比兰度过了自己的童年和少年时代。直到 2008 年我们访问比兰的时候，卡斯特罗的 7 个兄弟姐妹都还健在。大姐胡安娜在美国迈阿密生活，她对古巴革命持反对态度，是老卡的反对者。她曾接受美国记者采访，猛烈攻击老弟领导的古巴。但在卡斯特罗生病后，面对在美国古巴裔的狂欢、游行，她生气地表态说，无论怎样讲，菲德尔都是我的兄弟；无论他以前做了什么，我都不能赞同你们今天的做法。

卡斯特罗的家是一座宽敞的二层小楼，典型的加利西亚建筑。

房子是全木结构，柱子用的全是桃花心木、红木等很硬的木料，非常结实。

楼房底层有厨房、餐厅、储藏室、卫生间，还有一间办公室和很大的一个车库。车库里至今仍停放着一辆他家当年的老车，是那种车头形似拖拉机的小卡车，如今看来，绝对的古董了，据讲解员介绍还能发动起来，开着跑。厨房里有在当时非常先进且时髦的冰箱，现在看上去却太笨重了，也是古董级玩意，冰箱是用煤油为能源的，真是闻所未闻。据称也是完好的，依然能用。

楼上是起居室、游乐室和卧室等。安赫尔和莉娜分别有自己的卧室。在安赫尔的房间里，放着一个不大的保险柜，柜门上赫然一个洞。讲解员说，安赫尔去世时没有给家人留下保险柜的密码，因此，在他离世很长一段时间里，家人尊重他的意愿，没人动过这只保险柜。直到革命胜利后，进行土改，卡斯特罗认为自家财产应交出，包括保险柜中的财物。于是，找人拿焊枪将保险柜的锁头打掉，才打开了柜子。不承想里面除了文书、地契，并没有什么财宝，只有 1 比索现金。由此可以看出，老安赫尔绝对是经营的高手，他一辈子都在让钱生钱，将资金全部用在了投资经营上。

莉娜的卧室是参观故居中唯一不允许照相的地方，里面保存着莉娜当年生活中的一切。衣柜的门敞开着，莉娜的衣物依然有序的挂在里面，就像女主人仍然健在一样。

除父母卧室外，3 个男孩子住一间房。有趣的是，却只有两张床，真不知几个不安分的小子是怎样生活的。在起居室，放着老式收音机、电话机；在游乐室还有玩多米诺牌专用的长方形小牌桌和一副很古老的多米诺牌。在这里，我们还见到了劳尔送给母亲防身用的步枪，那是古巴革命胜利前的事情。父亲去世，家里再无男丁，只剩下母亲和几个姐妹，远游在外的儿子只能以这种方式表达对母亲的关爱。

除了自家住的房子，安赫尔还在周围建起了一个面包房，一个邮局，一个旅店，一个酒馆，一个肉铺，一所小学校，一些给雇工居住的房子，开辟了冠名“皇家之路”的街道。这样，安赫尔以他精明的商人头脑，将卡氏庄园经营成了一个小镇，成了生活在这里的人们离不开的活动中心。

卡斯特罗出生在这样的家庭，从小就过着远比周围农民优越的生活，但他深切同情穷人的困苦，为给他们争取更好的待遇与自己的家庭进行斗争。正如他自我评价的那样：“我生来就是一个革命家，一个政治家”。他曾多次因为自家的雇工问题与父亲发生争吵；13 岁时还组织、策划了雇农反对自己父亲的罢工。

老安赫尔深为自己这个能言善辩又桀骜不驯的儿子头痛；而弟弟劳尔则对二哥崇拜不已，是二哥忠实的追随者。

当时人们的娱乐活动很少，闲暇时，除了玩玩多米诺牌或纸牌，基本没有其他消遣。斗鸡算是农村的一个娱乐项目了。为此，活跃的安赫尔修建了一个不小的斗鸡场，为农民们提供了斗鸡比赛的场所。逢年过节，这里成了人们消遣解闷的好去处。

这是一个很大的圆顶木棚子，四周是开放式的。棚中央建有一个八、九十公分高的木制圆围栏，圈出了斗鸡场地。围栏边上是一圈五、六层木阶，这就是看台了，人可以坐在上面看比赛。

在参观这个斗鸡场时，讲解员为我们讲了一个卡斯特罗发生在斗鸡场的故事，很有意思。

卡斯特罗从小就是体育爱好者，活泼好动，样样运动都喜欢，但并不都是强项。有一次，镇上一个强壮的黑人在斗鸡场打擂台比拳击，赢了不少人，一时间，俨然无人可敌。老卡的哥哥拉蒙不服气，跳进场里和他比试了起来。两人打斗正酣时，拉蒙被父亲有事叫走了。黑人没了对手，谁都不敢再上场。这时，少年菲德尔非常勇敢地站了出来，代替哥哥比赛。但毕竟不是一个吨位的，还是个半大孩子的菲德尔怎是壮汉的对手，几个回合下来，就被黑人一拳击到脸上，打了一个趔趄，跪倒在地。看到二哥被人打了，看台上的劳尔怒了，高叫一声："敢打我哥哥，你等着！"几步窜了下来，飞快地跑了出去。黑人见势不妙，赶快逃跑。还真亏他跑得快，劳尔竟然回家拿来了猎枪，要为哥哥报仇。黑人跑进甘蔗地里不敢出来，劳尔找了几个好朋友帮忙看守，非要抓到黑人不可。双方僵持了很长时间，直到老卡赶到，说服了劳尔，才把黑人叫了出来。老卡不但没有怪罪黑人打了自己，还安抚他说，你很能干，等有朝一日我们搞革命取得成功，会让你人尽其才的。

儿时的一段趣事就此罢了，却不想在几十年后又有了续篇。

那是在上个世纪九十年代一次古巴少先队代表大会的闭幕式上（古巴和我们一样，也有少先队，小学入学的孩子要先成为预备队员，带蓝色的领巾，然后才能正式入队，改带红领巾。）卡斯特罗应邀出席大会并致闭幕词。会后，一群孩子跑到老卡面前问候，并说要给卡爷爷一个惊喜。

卡斯特罗饶有兴致地问孩子们什么惊喜？站在稍远处的一排孩子闪开了身，露出一位坐在轮椅上的老人。老卡立刻认出来了，高兴地叫道：这不是那个在我家乡斗鸡场给过我一拳的人嘛！

众人听了都大笑起来。

孩子们推着轮椅老人上前。老黑略带调皮地微笑着，安详地看着老卡。

卡斯特罗迎上前去，把已瘫痪的老黑搂到怀中，亲切地问他分别后的情况。

原来，老黑在革命胜利后当了扫盲老师，而且是非常出色的老师，做出了许多贡献。虽已退休，仍应邀出席了此次大会。他多次给孩子们讲过他与卡斯特罗的故事，因此，孩子们想出了这样一个主意，为老师安排了这次别样的见面。

这次访问是我第二次拜谒卡斯特罗的故居。我半开玩笑半认真地对古巴陪同说，这次来，我想在这个幽静的庄园中慢慢地踱踱步，好好体会和感受一下这里的环境。下次再来，我要住下来，认真研究研究，为什么这里能孕育出卡斯特罗的伟大革命思想。

我的一席话竟引来了人们的掌声。看来，当地人为作为卡斯特罗的故乡人引以为豪。

三、访问青年岛特区，参观老卡服刑的监狱

2009 年 10 月，我们访问了古巴的青年岛特别行政区。

这是一次迟到的访问。2008 年初，在劳尔的提议下，古巴外交部遵照指示要为中国外交官在年内安排 3 次外地访问，地方由我们决定。劳尔还是那句话：要给中国驻古巴大使比其他人更多的机会了解古巴。

劳尔的好意，成全了我们多看看古巴的愿望。我们首先选择了卡斯特罗的故乡比兰（和古巴最东端城市巴拉科阿（Baracoa）——哥伦布登陆古巴岛之地和西班牙人在古巴建立的第一个殖民定居点，也曾是古巴的第一个首都。两次参观访问在上半年完成，之后，原准备下半年利用十一假期完成第三次，去青年岛。不想 8、9 月份的 3 次飓风，使古巴遭受重创，损失巨大，特别是青年岛，成了重灾区。

在这种情况下，我们无论如何也不好再提出访问的事情了，古巴方面也未提及，所以就搁置了下来。时隔一年，古巴外交部主动再提此事，说大使快要离任了，应该在走前完成这次旅行。我们欣

然同意，总算是好事多磨吧。

青年岛的历史沿革

青年岛是古巴卡纳雷奥斯群岛（Archipiélago de Los Canarreos）的主岛，北距古巴岛最近距离95公里，是古巴主岛以外最大的岛屿。

青年岛曾有过很多名字。最早居住在岛上的土著民称它为西瓜内阿（Siguanea），也叫卡马拉科（Camaraco），在岛上的一些岩洞中至今能看到那时遗留下来的象形文字。1494年，哥伦布发现该岛，给它起名为圣胡安·埃万赫利斯塔（San Juan Evangelista）。

在之后漫长的几个世纪时间里，它几乎被人们遗忘，成了海盗和逃犯的栖身之地和活动场所。19世纪英国文坛“新浪漫主义”代表作家罗伯特·路易斯·史蒂文生的成名小说《金银岛》写的就是这个荒凉的岛屿，这也使这个不见经传的小岛一夜成名，“宝藏岛”一度成了它的代名词。作家描绘的海盗藏匿的无数宝藏，使期望暴富的人们神往不已。如今到此旅游的游客，不少是受到该书的影响，希望能亲眼看到这传奇之地。

在西班牙殖民时期，该岛一度被称作流放岛，因为这里建起了用来关押政治犯的监狱。再后来，它更名松树岛，这是因为岛上原生态生长最茂盛的植物就是松树，这个名字一直沿用至1978年。

古巴革命胜利前，这个岛还少有人烟。当时人口近万人，其中有5千人为囚徒。革命胜利之后，大批青年响应政府号召来到岛上垦荒；政府还在此建立了多所国际学校，接收大量外国留学生，主要是非洲学生，其中纳米比亚和安哥拉两国的人数最多。一时间，岛上欢声笑语，汇成了年轻人的海洋。正是由于这里人员组成的特点，1978年，它再次更名，被称作青年岛。此名沿用至今。

从飞机上俯视，青年岛的形状像一个不规则的大逗号，岛上植被茂盛，满眼郁郁葱葱。海岸曲曲折折，有很多小海湾。飞机降低后，正好看到排成一线的山丘，将本不算大的岛屿分为两块，其间还有蓝绿色的水流穿过，不知是海水，还是河流。望着眼底这幅有山有水、有森林有田野、有阳光有海滩的流动风景，尚未踏上它的土地，人已醉了。

青年岛简况

从飞机上下来，青年岛特区第一书记、区人大主席、副主席、旅游部驻特区办事处主任等一行人已在停机坪迎候我们，一群带着红领巾的孩子给我们每人献上一束鲜花。

在机场贵宾室，书记向我们介绍了特区情况，还特别播放了一段去年岛上遭受飓风情况的DVD。随后特区各位领导陪同我们一起参观访问。

青年岛因其特殊的地理位置，在古巴的行政建制中，被列为唯一的特别行政区，直属中央政府管辖，有如我国的直辖市。首府新赫罗纳（Nueva Gerona），1802年建市，面积2398平方公里，有8.6万多居民，人口密度35.8人/平方公里。

青年岛以平原和热带草原为主，多沙土岩石。岛上主要经济活动为农牧业生产。农业生产以种植块茎植物为主，有土豆、白薯、木薯、芋头等，也种植玉米和蔬菜；酸性水果柑橘、柠檬、葡萄柚等也是当地主要产品，但在此次飓风灾害中，果树尽数摧毁，恢复生产尚需时日。飓风后栽种的大量香蕉、芭蕉树已成林，可望最先出产。牧业生产为特区提供了肉奶类产品，是经济支柱之一。在岛上，随处可见大片草场，但牛羊并未见到很多，不知是否也是受飓风影响。

青年岛有不少小山丘，最主要的有三座，但都不高，最高的也

青年岛原生态植物松树

模范监狱的圆形监舍

卡斯特罗及战友们的监舍

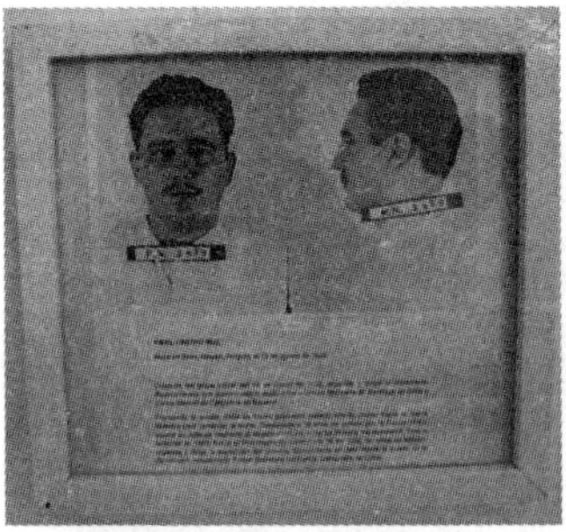

卡斯特罗在莫德洛监狱被关押期间的照片

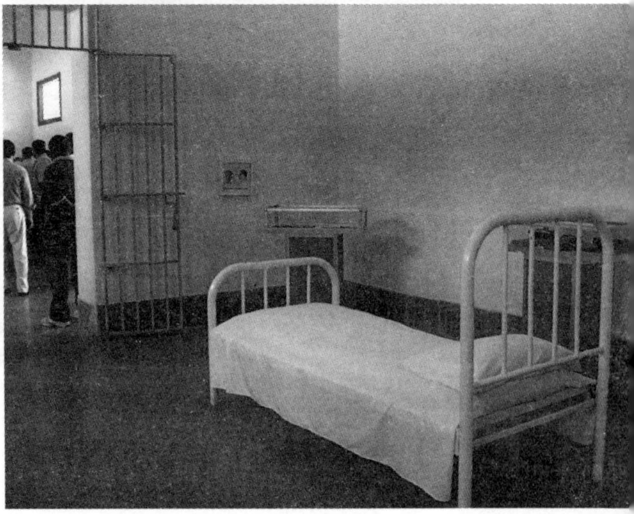

卡斯特罗被关押的单间

不过 300 多米。可正是这种视觉上的起伏，给岛屿添色不少。山丘被绿树覆盖，自成风景。

书记告诉我们，那是大理石山，是特区一大特产。石头上生长植物，令人不禁为小树的顽强喝彩！书记说这里的大理石分灰色和白色两种，白色品质更高，但目前只有灰色大理石允许开采。除大理石外，岛上还有金、钨、铜、铁等矿藏；高岭土也是一大资源，所以青年岛的瓷器全国闻名。

坐车行进在路上，开阔的原野、起伏的丘陵、成片的松林、远处的人家，给人一种诗情画意的享受，平添了对岛屿的好感。

书记指着松树对我们说，这里最多的树木就是松树，因为是原生植物，对环境的适应性最好，在飓风中基本没有什么毁坏。

我们问及松树的生长期，区长指着窗外一片碗口粗、近 10 米高的松林说，这片松树，大概是 5 年左右的。

看来热带一年四季的充足阳光和适宜的温度更有利于树木的生长，这边树木的成材期都比中国短呢，这也是一种优势吧。

走进城区，从居民住房上还是能看出飓风的影子。不少房屋换了新屋顶，门窗也更新了；也有未及更换，还敞着窗口的，幸亏这里没有冬天，这样的房子也还能继续居住，为政府也减轻了一些负担。

城区的道路都不宽，路上基本没有见到公交车。问及书记，告岛上只有一路公交线路，没有固定路线，可根据乘客要求将人们送达各居民点。我们见到不少在外地参观时常见的代步工具——马拉带篷车，大点的能坐八、九个人，小点的只能坐四、五个人。一般是车夫坐在前面，旁边也能再坐一个人；后面是可对坐，或呈 U 字型座位的车厢。车厢带有顶蓬，虽简陋，不过是一块厚一点的塑料布，但能够遮阳避雨，还是挺实用的。在公交车运力不足的情况下，这种马拉车生意很好，基本没有见到空载的车辆。除了马车外，这里的自行车也比首都多得多。出门骑车办事，倒也方便不少。

灾后重建工作

书记介绍，2008 年古斯塔沃（Gustavo）飓风横扫青年岛，最高风速达到每小时 240 公里。岛上 80% 以上的房屋遭到不同程度的破坏；家园尽毁、无家可归的人家达 1480 多户，这些人目前大都投亲靠友，暂时挤住在其他人家。尽管遭受这么大的灾害，物质损失巨大，但没有发生一例人员伤亡。目前，为灾民修建新居是特区领导的主要工作，2009 年预计建成 280 套房。（按这个速度推算，需要 5 年才能将灾民安置完毕，但古巴物资匮乏，我们装修个官邸用了 3 年。保证这进度已是举全国之力了。）

我们参观了几个房屋建设项目。

一是旧房改造。大批留学生撤走后，原有校舍一直废弃着。区政府对这些校舍进行了考察，挑选出其中 12 所尚可使用的，准备改造成居民小区。一期工程正在改造 5 所，预计年底前完工。我们看了一处这样的校舍。

学校地处城外，由几栋二层楼房组成。原一排排教室按照住户人数不等，改造成一、二、三、四居的单元房。走廊上砌出一个个小隔断，使每家有一个相对独立、封闭的空间，户外还有一个水池，方便洗洗涮涮。住房都不是很大，但厨房和客厅都不小，卫生间内也是马桶、淋浴、洗手池等一应俱全。设计者的考虑是，客厅大一些，便于将来再遇飓风时，可容留其他灾民暂住。房间内的水电工程已完成，有些地面已铺了大理石。这个学校可以解决周围的 61 户人家。

书记介绍说，改造工程由住户和专业工程队共同搞，这样住户本身更关心，也更投入，工期也会更有保证。

校舍的最后一排房被改造成学校、图书馆、商店、咖啡吧、文艺活动站等公共设施。这样的安排，使这些人家在家门口就可以实现几乎全部生活所需。校外的荒地则可以自由耕种，为农民解决了无地之忧。看来，区政府已为灾民们想好了生活的方方面面，这些父母官当得很称职。

二是房屋援建工程。国际社会给予了不少支援，从材料到资金，还有承建一个社区、一个村落的。我们参观了一个委内瑞拉援建的石油社区，就是用委内瑞拉的石油资金承建的房屋。

这个社区共建 42 套房，房屋材料是已成形的 PVC 壁板材及瓦楞铁屋顶，在当地组装起来就行了。白色的壁板，红色的铁顶，蛮漂亮的一处小区。在选好地址、打好地基、做好水电等基础工程后，房子竖起来很快。这里的房屋重点是防飓风，所以四围都浇筑了钢筋混凝土，看上去很坚固。房子基本上是 90 平米一套的三室一厅房，3、4 口之家住起来很舒适。一套房的成本是 3.6 万比索，其中 7 千为可兑换比索（即外汇券），按人民币计算，差不多 7 万元就拿下了，实在很便宜。

灾民新房的建设，资金上采取的办法是，政府先期付出，住户以缴纳房租的方式付款，待付款总额抵消了建房成本，房子就成为个人财产了。这在古巴倒是个不错的办法。房屋计价中不含土地款，因为地还是国家的，不出售。

参观卡斯特罗服刑的监狱

青年岛模范监狱（Presidio Modelo），因卡斯特罗当年在此关押而名声远扬，成为到岛过客必到的一个景点，我们的日程中自然也少不了。昔日的监狱如今已改为国家纪念馆。

模范监狱始建于 1925 年 10 月，1932 年 2 月竣工，可同时关押 5 千犯人。监狱共占地 40 万平方米，是参照美国伊利诺伊州琼列特

(Jolliet) 监狱修建的。入门处是一座 3 层的行政楼，监狱管理层在此办公。两侧建有 14 座单体别墅，供看守监狱的军官们居住。往里有两座 6 层楼房，用于新犯人收监、甄别，然后按其表现送入不同监舍。再往后可见 4 座 5 层圆筒形建筑，远看像一个个硕大的粮仓，这才是监狱的主体，用来关押犯人的牢房。

圆监舍高 30 米，直径 53 米，每座圆监有 465 个牢房。这种全视型建筑（即在里面的一个点即可看到整个内部情况的建筑）在拉美独此一家。

在 4 座圆监舍中心，是一个巨大的圆形食堂，可供 3 千人同时就餐。再向纵深，在路的两旁，是两溜儿长长的平房院落，一边是医院，一边用作禁闭室。监狱尽头，是一排让犯人们劳作的工场。整个监狱四周则布满了哨兵警戒的岗楼。所有建筑都是黄色的，在蓝天绿地之间形成一个巨大的建筑群，煞是好看。

如今的圆监舍早已废弃，墙壁上的小窗已没了百叶板，留下一个个小洞，像是碉堡上的枪眼。房顶更是破败不堪，很多地方已见了天日。但建筑外墙却没有大的毁坏，可见其坚固度，关押犯人真是再好不过了。

1953 年 7 月 26 日，卡斯特罗率众攻打蒙卡达兵营失败，一行人被抓获，之后送到这里收监。因为是政治犯，怕他们对其他犯人产生影响，当局将他们单独关在了监狱后院的医院中。

医院是一个两进套院，有点像北京的四合院，四面都有房，现在这里成了纪念馆。当年卡斯特罗他们被囚禁在第二进院落中一个足有四、五十米长、十多米宽的大通间里，不知医院建这么大的房间是干什么用的？

进到房来，首先看到的是靠房间两侧墙摆放的两溜儿白色的铁床，每个床头有一个简易的床头柜。引人注意的是每张床旁墙上的照片，一张正面，一张侧面，像下有 4 位数的号码。那是犯人的收监照，挂在床边验明正身；号码就是犯人的代号了。

卡斯特罗和他的弟弟劳尔 1953 年 10 月 13 日入监，1955 年 5 月 15 日获得大赦，在这里度过了一年七个月的时间。和他一起起义的另一些人，早于他们就关押在此了。

在押的日子，成了老卡为自己充电的大好时机。他利用这段时间，带领他的伙伴们读了很多书，为日后管理国家做着准备。如今这些书就陈列在房间的展柜中。

讲解员讲了一段卡斯特罗在狱中的轶事。

1954 年 2 月 12 日，当时的独裁总统巴蒂斯塔来监狱视察，正好来到卡斯特罗他们这间监室后的空场上。同监室的一位狱友听到外面的声响，爬到墙边的一个平台上，透过小窗看到了总统，他立即把“总统来了”的消息告诉了大家。

卡斯特罗马上组织大家一起高唱他们自己作词作曲的《7.26 颂歌》。一群年轻人，扯着嗓子吼唱起来。他们要让独裁者知道，虽然那次行动失败了，但热血青年还在，“七・二六”精神不死！

巴蒂斯塔听到歌声很是震怒。他冷冷地斥责监管人员：“你给他们吃得太好了吧？！”

监管气得要命，立即降低了对他们的伙食标准。同时，为了惩罚卡斯特罗，更是为了消除他对其他人的影响，第二天就将他与他的战友们隔离开来。老卡开始享受单间待遇，这一隔离就是 15 个月，直至他出狱。

卡斯特罗的单间在前院，有二十几平方米，还带一个单独的卫生间，条件不错。

因为劳尔在那批犯人中也经常带头闹事，不久劳尔也被隔离，兄弟二人被关在了一起，换到老卡原住单间旁的一个大房间。这间房足够大，有近 200 平方米，两张床摆在里面显得空空荡荡。这为卡氏兄弟狱中健身提供了良好的条件。

讲解员给我们讲了一段老卡哥俩的故事。

卡斯特罗从年轻时起就是一个活跃、执着的思想家，时时刻刻在考虑着国家的前途，世界的大事。他如饥似渴地读书，联系实际地思考，经常擦出思想的火花，获得有益的心得。在这样的时刻，他总是兴奋异常，不是奋笔疾书，就是找人畅谈。特别是能有个人聊聊，分享思想成果，是他最大的乐事。

劳尔的到来，使老卡又有了谈友，这可让他高兴坏了。读书之余，兄弟俩经常促膝长谈，交流心得。那时的劳尔，是个才 20 岁出头的小伙子，更多的时候是听哥哥在讲，这对他受益匪浅。

卡斯特罗是个读书狂，学习思考起来不分昼夜。一旦有了新的思想，哪怕半夜，他也会翻身而起，直奔劳尔床铺，非把他弄醒，让他听自己的想法，让他一起探讨。

劳尔毕竟年轻，正是贪睡的年龄。每每被从美梦中唤醒，气得嗷嗷叫。老卡总会用他的办法令弟弟息怒，二人兴致勃勃地投入讨论。

又有谁知，有多少治国的理念是在这样的环境中形成的呢！

第五章　卡斯特罗与中国的情谊

一、卡斯特罗的电话

2006年12月28日，使馆组织年终与古巴外交部同仁的联谊活动。这也是我们每年举行的一项传统活动，深受古巴同志们的欢迎。

活动在使馆进行，因为场地有限（需坐下就餐），我们开出了一份邀请40对夫妇出席的名单，包括外交部部级所有领导、与我们工作关系密切的各司局领导及礼宾司大部分官员。结果有35对确认出席。圣诞刚过，能有这么高的出席率，实在令人高兴。果然应了礼宾司事前相告的情况：大家兴致勃勃，就等着来中国使馆呢！

当晚出席的有：古巴外长，第一副外长，主管多边事务的副外长，主管亚太、非洲事务的副外长等部级高官，以及部长办公室主任、礼宾司长、亚大司长、欧洲司长、拉美司长、北美司长、条法司长、新闻司长、领事司长、国际合作司长等一大批司局领导。据称，部领导中除一名女副部长和主管拉美的副部长外，其他悉数到齐。

外长看着他的一大群部下，开玩笑道："哈，没想到在这里看到这么多我的主要助手。我召集部长会议时也没有今天来的齐！"

大家闻言都笑了起来。

中国使馆的吸引力可见一斑。

大家就座之后，我先讲话。主要就中国一年间的发展情况做了介绍，对使馆与古巴外交部之间的友谊、合作做了回顾，对古巴方面对我们使馆工作的支持表示感谢，等等。

随后，外长也讲了话，对古中关系的顺利发展表示满意。他还回顾了九十年代初，在古巴最困难时期中国提供的无私援助，强调古巴虽能还清欠中国的经济债务，但永远无法偿还中国人民对古巴人民的深情厚谊。强调古中关系是一种战略关系，古巴外交部与中国使馆有着一种特殊的友谊。

席间，外长离座去打电话。开始我没有在意。忽然，使馆的外籍招待员匆匆跑来，急切地对我说："大使，电话，电话！"

我一时没有转过弯来，以为外长没有找到电话间，正要叫人去帮忙，外长夫人在一旁会意了，告诉我："让你去听电话！"

我赶紧随招待员到电话间。

正在通话的外长将话筒递给我："总司令要和你说话。"——总司令，是古巴人对卡斯特罗的习惯称谓。

原来是老卡的电话！

我急忙接过电话，卡斯特罗的声音传了过来："大使，听说外交部的人又在你那里聚会了？"

我笑着应答他，并向他问候，询问他的身体情况。

卡斯特罗说："我正在和病魔作斗争，一定会胜利的。"

我告诉他，我已派人给他送去了小米、冰糖、银耳等健胃补身体的食品。中国人的食疗办法可能会对他有益。至于如何做这些东西，我已将做法说明一并附上了。但如果他那里的厨师不会做，我可以派中国厨师去亲自为他做小米粥、银耳汤。

卡斯特罗对此表示感谢。

接下来，他说，他对两国关系的发展很满意，今年又取得了重要进展，使我们的关系更密切了。日前，中国卫生部长高强赴西宁参观中古友好眼科医院，看望医护人员，这很好，表现了中方对古中关系的重视。

卡斯特罗还提及中国留古学生事，这是他亲自操持并已取得重大进展的事情。

卡斯特罗说，今年已有300多名中国学生到古巴开始学习了，这很好。但数量还不够，今后要不断扩大对中国留学生的名额。古巴愿为培养中国西班牙语人才作些贡献。

最后，卡斯特罗说："新年将至，请代我向胡锦涛主席和中国人民致以特别的和热切的问候。向中国同志祝贺新年！"

我也向他转达胡主席的新年问候，并告诉他，胡主席和中国人民都很关心他的健康。我们衷心祝愿他早日康复，再到使馆来做客。

他高兴地答应着，说："好，一言为定。我一定会再去中国使馆，品尝喜爱的鱼翅汤和海参。"

通话约持续了5分钟。卡斯特罗思维清晰，口齿清楚，说话声音不是很大，语调缓慢，但中气还足，令人确信是在康复中。

接到老卡的电话很意外，不知是古方特意安排，还是卡斯特罗的即兴之作？但不管怎样，效果很好。

回到大厅，外长让我向大家通报这个消息。我讲了卡斯特罗电话的内容，引起全场欢呼和掌声。看来外长很会制造气氛，也可看出卡斯特罗在两国外交官中的影响和威望。

外长告诉我，这是卡斯特罗自7月生病以来，与外国人士的第三次通话。前两次是和委内瑞拉总统查韦斯和哥伦比亚著名作家、诺贝尔文学奖获得者加西亚·马尔克斯（GARCIA MARQVEZ）。

这样说来，这番通话于我实在是一种殊荣了。

外长还说，卡斯特罗专门嘱咐他转达，中方可通过媒体报道此事。

29日，古巴外长又特地打来电话告诉我，《格拉玛报》将于30日报道此次通话情况。意思很明显，在促我们也做报道。

30日早6：30（北京时间30日晚7：30），国内主管同志给我打来电话，通报说："中央1台《新闻联播》节目刚刚报道了卡斯特罗打电话的情况，明天（北京时间31日）《人民日报》将予报道。"

《人民日报》的报道是这样的：

《胡锦涛主席与卡斯特罗主席互致新年问候》

新华社北京12月30日电　古巴国务委员会主席兼部长会议主席菲德尔·卡斯特罗28日晚与中国驻古巴大使赵荣宪通电话。

卡斯特罗主席请赵荣宪转达他对胡锦涛主席和中国人民的新年特别问候。受胡锦涛主席委托，赵荣宪转达了胡锦涛主席对卡斯特罗主席和古巴人民诚挚的新年问候，并祝愿卡斯特罗主席早日康复。通话中，卡斯特罗主席还就进一步发展两国关系与赵荣宪大使进行了交谈。

——《人民日报》2006年12月31日，第1版

二、卡斯特罗会见到访的中常委吴官正

2007 年 4 月，中央政治局常委、中纪委书记吴官正率中国共产党代表团对古巴进行了友好访问。访问很成功。卡斯特罗在病中予以接见，而且一见就是 1 个多小时。

与卡斯特罗的会见

会见是在内务部医院进行的。我们往里走时，卡斯特罗已站在门口等候我们了。于是一行人加快了脚步。

卡斯特罗身穿黑红两色阿迪达斯运动衫，看上去很高兴，比我 2006 年 9 月中旬见到他时胖了些。他的脸色红润，头发基本都白了，标志性的大胡子也没有以前浓密了，但精神矍铄，思维活跃，关心的问题依然是世界和人类发展的大事。他的腿脚看上去还不是很有力，走路有些微微发颤；说话也不够流畅，底气不足。他念了几句胡主席的信，有点喘。

因为这场会见是临时决定的，双方的记者已按照先前的日程前往准备采访与劳尔的会见，所以与卡斯特罗的会见，除了卡斯特罗身边的摄影记者外，中方、古方记者均未到场（这也是古方刻意而为，就不打算让记者采访）。于是王家瑞部长用自己的数码相机进行了拍照和录像，成了报道此次重要活动的唯一声像材料。虽然不够专业，但我们的中央电视台采用了，西方很多媒体也转用了。大家戏称，卡斯特罗的会见就是不一样，部长当摄影兼录像，局长当翻译，规格就是高！

三、老卡的风格：向中国派医疗救援队

2008年5月12日，中国四川汶川地区发生8级强烈地震，情况惨烈，举世震惊！中国的救灾、震区的情况持续吸引着世界的目光，不少国家均向中国伸出援助之手，有力的出力，有钱的出钱，彰显了国际社会的爱心。

卡斯特罗命令向中国派遣医疗救援队

震后不久，古巴外交部亚大司长白诗德紧急约见我，告古方拟派遣由38名全科医生组成的医疗队赴中国参加救援，并称，这些医生都具有丰富的战地救护经验。古方已做好准备，一旦中国同意，可在48小时内出发。考虑到语言不通，还准备让在古巴学医的5名中国留学生随队前往，边作翻译，边协助工作。

古巴方面的考虑很全面，这也是他们能为中国救灾出力的唯一办法，体现了古方的友好情谊和国际人道主义精神，我听后很感动。但震区道路中断，余震连连，很多情况还不是十分清晰，外国救援队伍此时进入不是件容易事。我只能表示感谢，并告诉他我会将古方的提议即刻报告国内。

之后几天，白诗德一天几个电话的催询结果，并强调，这是古巴最高领导的决策，希望中方尽快答复。

幸好，在电视中看到王毅副外长就此问题的讲话，称中方感谢各国对中国地震灾害的关注和救援，会在条件允许时，接受外国医疗队来华协助救灾，这成了我答复古方的口径。

19日，终于见到外交部发言人就此问题的表态，称中国政府正举全国之力，积极开展救灾工作，已派大量军队和医务人员在灾区

执行救灾任务。考虑到目前救灾工作的实际需要，中国红十字会将授权接受部分外国医疗队来华协助医务救援工作。

随后，在电视中见到报道，日本、新加坡、韩国和俄罗斯的医疗队抵华。

我再次催问古巴医疗队赴华事，得到的答复是，我们是根据邻近、快捷的原则做出决定的。

至此，仍未得到对古巴方面的答复。

21日一早，接到我外交部拉美司司长的电话，告，北京时间21日上午（古巴时间20日晚），古巴驻华大使紧急约见，通报：为确保古巴医疗队尽快抵达，并考虑航班衔接问题，奉卡斯特罗指示，古巴医疗队已启程来华。

大使称，这是卡斯特罗做出的决定，劳尔主席亲自打电话给他。卡斯特罗特别强调，得知有关国家已向中国派遣医疗队的消息，希望尽快派古巴医疗队来华，协助中方开展救治工作。卡斯特罗本人亲自负责组织有关派遣工作。

医疗队将携带一所配备多种医疗器械、药品及耗材的流动野战医院。队长罗德里格斯曾亲历巴基斯坦、印尼和秘鲁地震救援工作，经验丰富。医疗队全体成员的旅费、餐费和估计重约10吨的设备运费均由古方承担。古方希望将医疗队派往灾情最严重的地方。

那边古巴医疗队已启程，这边古巴大使紧急通报情况，尽管事先尚未征得中方同意。

这是卡斯特罗的一片赤诚之心啊：朋友有难，焉能袖手旁观！作为中方，我们唯有感谢。

这边上班后，白诗德司长来到使馆，向我通报了关于医疗队之事。

白诗德带来了劳尔和古巴驻华大使通话的备忘录。劳尔向他们大使传达了卡斯特罗关于救援中国地震事的指示：

1. 我们将按照中方所言，将医疗队减少至35人。

2. 要派些技术人员，对设备使用要非常娴熟，因为这关系到外科手术和矫形手术的效率问题。

3. 此刻有很多创伤型、外伤型人员，最紧急和即刻要办的是对这些人的救治，这也是我们在曾参加过救援的地方得出的经验。这种情况还会不断发生变化。现在要紧的是抢救生命，先救命，以后再讲康复问题。

4. 我们的愿望是合作，而不是给中方增加困难。我们可以做中方认为最需要的事情。除了支援，我们别无他求。我们要将我们的人员交给中方统一安排，他们认为怎样合适就怎样安排，我们将尽最大可能配合行动。在这点上应该做的所有事我们都会遵从。我们的医生具有所必需的经验，他们会适应那里的现实情况所要求的一切。

5. 从我们所听到的消息看，那里的情况比最初判定的要严重得多。

6. 可以向中方重申，如中方认为需要，我们随时准备派遣更多的医生和人员前往协助。

7. 关于派中国学医留学生作为翻译人员事，我们也将按中方要求，从5人减少到3人。

8. 有关运送保障工作设备的专机费用以及人员旅费均由我们自己支付。我们会想方设法尽快落实。

9. 如有任何新的需求，我们会立即研究。

10. 中方期望的任何事情我们都愿尽力。

11. 中国党和政府在此次地震中表现出色。我们对他们面对灾难，处置果断、勇敢、有效表示赞赏。中方面对困境的表现，无疑给全世界留下了良好的印象。

2008 年 5 月 20 日　古巴时间 10：53

这就是老卡的风格，办事考虑周全，待人真心实意，善于换位思考。这样的朋友令人充满敬意。

古巴政府为医疗队回国举行盛大欢迎仪式

2008 年 6 月 9 日，古巴医疗队从中国回来了，他们是最后一支撤出中国的救援队伍。因去时没有事先通知我们，没有去机场送行。我早就向古巴外交部表示，回来时一定要通知我，我要去机场迎接。

当天上午，接到古巴外交部通知，下午 7 点医疗队抵达哈瓦那，卫生部长、外交部副部长等都要去机场迎接，会搞一个欢迎仪式。我说，我当然也要去机场。

去了才知，外交部没有搞清状况。到机场迎接的人并不多，高官们没有去，卫生部去了一个副部长，带了一帮人，外交部只去了亚大司长白诗德等人，正式的欢迎仪式是在会议宫举行。

白诗德连连向我道歉。

机场的欢迎很简单，人都出来后（因等行李耽误了很长时间），奏了国歌，卫生部的一位官员讲了几句话，大家就上车直奔会议宫去了，到那里才算是正式的欢迎仪式。

我的小车到底比大轿车快得多，第一个到达。古共中央政治局委员、卫生部长巴拉格尔，书记处书记、国际关系部长雷米雷斯，还有另一位主管文教卫生的书记处书记莫拉莱斯、副外长希门内斯等人已在门口等候。下车后，我和他们交谈了一阵，讲了讲中国救

欢迎医疗救援队凯旋大会上展示中方赠与的锦旗。

灾情况。

大约一刻钟后，其他车辆抵达。我们几人同医疗队员一一握手，他们还要再一一交谈几句，一圈下来，又用了有一刻钟，进入大厅坐下来已是晚上 9 点了。

会议主持人简短开场白后，医疗队长罗德里格斯第一个发言，讲在中国的情况。

他拿着准备好的稿子，说，我们这一次去国外救灾，是一次特殊的、与以往任何一次完全不同的任务。我们去的是一个非常发达的、在全球经济中占有举足轻重影响的国家，对我们是一次全新的经历。中国的医院组织工作做得非常好，中国的医生医术也非常高。我们抵达后，进入一个大医院（四川省人民医院），灾后初期需进行的抢救、手术等都已完成，我们所从事的工作多是术后护理等。我们受到医院热情友好的接待，外长杨洁篪还和我们进行了亲切交谈。在中国我们有很多全新的感觉。一是感到中国与古巴的兄弟情谊。中国人听说我们是古巴来的，都非常友好，热情极了，患者对我们也非常信任，我们在那里感觉自己就像上帝一样。二是中国的医疗水平很高，医院的设施也非常先进。能到中国去参加这样的工作，执行总司令的指令，履行国际主义义务，我们感到很荣幸。应该说，我们很好地完成了使命。我们能像一粒沙子一样，融入这种人道主义的救援工作中，为中国地震救灾工作贡献一份微薄之力，我们感到很高兴，也很光荣。

队长讲完之后，另一位队员代表讲话，也是有稿子的，内容大同小异。

然后是卫生部长巴拉格尔讲话。他主要强调了卡斯特罗派医疗队的国际主义意义，称医疗队此行再次展现了无与伦比的革命勇气，弘扬了卡斯特罗一贯倡导的人道主义和国际主义精神，表明古巴革命已培养和造就出了一个充满互助精神、热心挽救生命和传播爱心的伟大民族。

之后，巴拉格尔问在场的队员，你们去中国有什么感受？大家都讲一讲。

马上有人举手，场面很热烈。第一个讲的，拿出了一张纸念，是一首诗，也是讲受到友好接待等。后面又有六、七个发言，多是自由发挥了，都讲到这次经历不同以往，以及对中国高度发展的印象。

有一个人，像记日记一样，很生动地讲了十几天的经历：第一天经停莫斯科，在古巴驻俄罗斯使馆吃了一顿很不错的饭；第二天到达北京，古巴驻华使馆也以美味佳肴招待，然后就到了成都。

在成都受到热情接待，中国人特别好，对我们关照有加。中国人非常非常勤奋，我们亲眼看到中国医生不知疲倦地工作；给我们当翻译的川外学生，为了掌握他们连中文都不知道是什么的医学用词，每天抱着字典抠到很晚很晚。中国的医护人员医术好，服务态度好，对我们也非常关心，无微不至，我们和他们配合得很好，也很高兴。医院的领导，省里的领导都在关心我们，在中国的日子过得非常愉快。

有一个患者，我想他一定是共产党员。他在看一本英文书，我过去看了看，是讲共产党的，感到好亲切。我们用英语聊了半天，他给我讲了很多共产党的理论，我们之间的距离一下子拉得更近了。这是我在其他国家从未有过的经历。

和中国人在一起，语言障碍确实很大，但我们通过眼神、手势、肢体语言等等，还是可以交流。在四川，唯一感到难受的是他们的饭，太辣了，受不了。后来他们专门为我们做不辣的饭菜。有一种菜，有两个锅，一个辣，一个不辣，把菜放进水里就可以吃，好极了（讲的是火锅）。

以前我去过巴基斯坦救灾，中国的情形比他们严重得多，但情况却大不一样。中国医护人员充分，救助及时，地域广大，不到一个月的时间，待我们离开时，整个医院只剩下20多位震灾患者，其他人都被其他各省医院来人接走了。

在成都，我们有些自由活动时间，虽然非常少，但还是跑了几个公园，太好了，漂亮极了。有一个公园，已有一、两千年的历史，令人神往。

结束任务后，我们返回北京。时间很紧，我们还是去了长城，看了故宫，逛了颐和园，拜了天坛（据了解，是我们外交部为他们争取的），一切都是那样美好。中国之行是我一辈子难忘的经历。

我很高兴中国之行给古巴医疗队员留下深刻而美好的印象。

队员们讲完后，我想我该讲两句。

我说，这次四川地震是新中国建国以来最为严重的一次地震灾害，无论从地震的震级、裂度，还是受灾范围、影响人群的广度，以及救灾的难度等等都是空前的。但在地震发生后，我在古巴，能深切地感受到，上至古巴的最高领导，下到普通百姓，对中国震灾的关注和对中国的支持。在很多不同场合，古巴领导和人民对我表示慰问，关注、亲切之情溢于言表。震后第二天，劳尔主席就发了慰问电；总司令（卡斯特罗）也十分关心此事，亲自派了你们医疗队去中国，使我深深感到，在中国人民面对困难的时刻，有古巴人民和我们站在一起。医疗队赴中国，体现了古巴人民对中国人民的兄弟情谊，也体现了中古两国人民的友好关系。另一方面，你们去中国救灾，也进一步加深了两国之间的交往和两种文化的交流。救

卡斯特罗亲笔签名的证书。

死扶伤是一个神圣而重要的任务；而这种文化的交流和碰撞，令两国人民相互了解，让友谊的种子在两国人民中间生根、发芽、成长，这层意义也是十分重要的。你们在中国受到热烈欢迎，也得到高度评价，你们的思想、医术都受到好评。我感谢你们为中国救灾作出的贡献，也感谢你们为加深两国人民的友谊作出的贡献。

巴拉格尔最后作了总结发言。他首先说，感谢大使这样一番热情友好的讲话。正如大使所说，古巴向中国派医疗队，就是两国友好的象征。他多次引用我讲的话，来阐明这种交流的意义。之后他再次强调古巴救死扶伤的国际主义精神。

随后，便到了会议高潮，向每位队员颁发卡斯特罗亲自签名的荣誉证书，证明参与了赴中国的救灾行动。这是古巴外派医疗队的传统节目，援外医生都能得到这样的证书。最初时期，老卡是亲自签名的，但后来这种任务太多了，他也就不再一一签名。但这一次，老卡早就言明，他要为每位去中国的队员签名。这对医疗队员也是一种莫大的荣耀。大家都高兴极了。

我要过一份证书看了看，上面写着队员的名字，老卡的签名确实是手写上去的，字迹依然清晰有力，看来身体恢复情况不错。

我对在座的领导和医疗队员说，我要为你们举行一个晚餐会，欢迎大家的凯旋。这个动议得到一致拥护，大家都很高兴。但因为多数队员家在外地，要先回家，于是决定他们休息几天后再举行。

之后的晚餐会搞得很成功。全体医疗队员和卫生部长巴拉格尔、副外长伊莲都参加了。大家在使馆聊了个够、吃了个饱，队员们还人手一架数码相机，噼里啪啦地拍了个痛快。人人能有架相机，这是古巴人中很少见的景象。看来定是中国之行的收获了。他们本来对中国就很友好，实地走了一趟中国，有了感性认识，加深了印象，更不一样了。这也算是培养友华队伍的一个方面吧。

卫生部长向参与医疗救援队的中国留学生颁发证书。

四、卡斯特罗会见贺国强同志

2008 年 6 月，中共中央政治局常委、中央纪委书记贺国强对古巴进行了为期三天的友好访问。

卡斯特罗会见

与卡斯特罗的会见历时两小时。老卡的个人魅力无人可敌，他太会做工作了。他总是那样慈祥亲切，令人无法不亲近他；他的思想太活跃了，时时冒出的各种话题，引人入胜，令人欣然跟着他的思路走。

卡斯特罗谈了很多，双方就双边关系、人权、食品危机、信息社会等重要议题交换了意见。此外，还有不少漫谈式的话题，听老卡谈对事物的感受和思考。卡斯特罗不愧为思想家，听他讲话，开阔思路，是一种享受。

将卡斯特罗的一些话记录下来，以飨读者：

关于中国

卡斯特罗首先对胡主席即将访问古巴表示欢迎。他说，我听说你昨天见劳尔时告胡锦涛主席在 11 月赴秘鲁出席 APEC 会议时，将经停古巴进行访问，这是一个重大消息，我感到非常高兴。

卡斯特罗谈到汶川地震，对中国领导人应对汶川地震的表现大加赞赏。卡斯特罗说，中国特大地震震惊世界，中国领导人在抗震救灾中发挥了重要作用。我在电视上看到，中国党和国家许多领导人都迅速赶赴救灾现场，这一点很重要，在世界上产生很大影响，赢得世界舆论的好评。在一些国家，在那样短的时间内，领导层可能还不知发生了什么事，中国领导人做得很出色。中国今年（2008 年）已陆续经历了冰雪灾害、西藏暴乱、四川地震等一系列恶性事件。这些事，单独拿出哪一件，都还好应付，但这么多的重大事情在短时间内接连发生，就产生了叠加效应，对任何一个政府都是巨大考验。担任中国这样的大国领导人不容易，肩负的责任异常重大，是其他国家的领导人无法想象的。中国经受住了考验。

卡斯特罗认真听取了贺国强关于中国改革开放的介绍，当听说今年是中国实行改革开放政策 30 周年时，他说，中国在各领域取得巨大成就，关键在于有坚强的政治领导。

卡斯特罗还谈及他对中国的研究。说，我正在研究中国革命史，想写一些有关中国革命和中国历史的经验，希望通过研究中国，汲取中国共产党治党治国的智慧。我的初步想法，先从 1921 年的中共一大写到去年 11 月的中共十七大。我要研究研究中国特色的价值在哪里。我们两国，尽管国情不同，但目标一致，都在根据各自国情建设社会主义。中国的经验对包括古巴在内的社会主义国家具有巨大的价值。

卡斯特罗高度赞扬中华民族，说，中华民族确实是一个优秀的民族，就像工蜂，非常勤劳，甘于奉献和牺牲；同时还是一个非常守纪律的民族，重视集体的作用，这一点难能可贵。拿计划生育政策举例，一个家庭只能生一个孩子，这在任何国家都是做不到的，但中国就能做到。中国国家大，人口多，国内情况和外部环境都十分复杂，还要考虑众多民族、多样文化、历史传统和宗教信仰等因素的影响，但中国始终能凝聚在一起，政策能行得通，这是中国的民族特性使然。这一点很了不起。

关于古巴

在谈及古巴形势时，卡斯特罗肯定了古巴领导层，特别是劳尔主席在维护团结、提高生产效率、增加农业生产和节约支出等重要方面所做的工作，并表示他本人现在每天大部分时间用来收集和分析重大国际问题的信息，以配合和支持党和国家领导层的工作。

卡斯特罗说，美国妄图分裂我们党，西方媒体竭力渲染我与劳尔在执政理念上有分歧。事实不是这样，我们之间协调得很好，没有任何矛盾。这是西方想在我们内部制造分裂，是恶意造谣，这也是西方媒体的一贯本性。

卡斯特罗说，不久前我刚发表了一篇文章，主要针对欧盟宣布解除对古巴的外交制裁。其实他们解除不解除对古巴无所谓，制裁对古巴经济影响有限。问题是这些国家凭什么以“自由”、“人权”为借口对我们实行制裁？美国为控制世界石油资源，悍然发动伊拉克战争，屠杀平民，虐待战俘，为什么欧洲国家不但不制裁，还与美国狼狈为奸？这些西方国家很虚伪。

关于世界

卡斯特罗称，目前国际上的突出问题包括食品、能源、通膨。这需要各国领导人认真研究，共同加以解决。现在原油价格上涨，黄金价格上涨，美元不断贬值。今年世界上的自然灾害频发，美国不久前遭受飓风，主要粮产区受灾，面积达500万公顷，这些都会进一步加剧粮食危机。通膨也会影响到世界各国。

卡斯特罗说，我知道中国采取了很多措施，努力控制通胀。中国人口是欧洲的3倍，但中国经济一直运行正常。美国给你们施加了巨大压力，逼迫人民币升值。可是中国外汇储备多，这是抵御经济风险的有利条件。

关于卡斯特罗本人

卡斯特罗还谈到自己，称人上了年纪，再回忆自己青年时代，会有很多感慨。他说，我投错了行。其实小时候我喜欢的是自然科学，很喜欢医生这个职业。但当年上大学选择专业时被人误导了。有人对我说，你整天说个不停，将来当律师吧。我就学了法律，变成了今天这样一个能说会道的我。但至今我仍然对自然科学非常感兴趣。当然，科学也有两面性，既可以服务于人类，也能给人类带来灾难。比如核技术，既可以发电，也可以制造核弹。再比如生物技术，美国利用它在古巴散播登革热病菌，而我们则用它治疗癌症等疾病。

谈到演讲，卡斯特罗介绍经验说，演讲要吸引听众，抓住人心，你得多讲故事，要善于通过讲故事来做工作。

听卡斯特罗侃侃而谈，时间过得很快。

有一年多没见老卡了。我感觉他还是消瘦了不少，行动略显迟缓，但精神很好，依旧谈锋甚健，思路清晰，反应敏捷。在会见中，每当译员为贺国强翻译时，他会休息一下。翻译完毕，他又马上接着讲，或注意倾听贺国强讲话。

五、胡锦涛主席与卡斯特罗的会见

2008 年 11 月，胡锦涛以中国国家主席的身份对古巴进行了第二次国事访问，历时 37 小时。古巴成为胡主席第一个两度访问的拉美国家。

此次访问，卡斯特罗从双边关系大局的长远考虑，对胡主席的访问很期待，也很热情。胡主席访问前后，卡斯特罗先后写了两篇专栏文章，并分别指示古巴驻哥斯达黎加、秘鲁使馆将文章交给已在两国访问的中国代表团。

卡斯特罗善做工作，会做工作，巧做工作，无人可及。

会见情况

胡主席会见卡斯特罗，只有两名主要陪同人员加翻译参加。古方的解释是，限制会见人数主要是从卡斯特罗的身体情况着想的，人多会带进病毒。会见进行了近 1 小时 45 分钟。

胡主席表示，很高兴同你再次见面。我们党中央的同志都十分牵挂你的健康，我带来了他们对你的亲切问候。今天，我亲眼看到你身体康复、精神焕发，感到十分欣慰。

卡斯特罗对胡主席再次访问古巴表示热烈欢迎，并说我们是老朋友了，看到你仍与上次我们见面时一样精力充沛，感到十分高兴。

胡主席指出，中古关系经受住了国际风云变幻的考验，两党、两国兄弟般的友好情谊已深深扎根于两国人民心中。我们两党、两国、两国人民是彼此信赖的好朋友、肝胆相照的好同志、患难与共的好兄弟。中国党和政府将始终不渝地坚持中古长期友好的方针，中国人民将一如既往地支持古巴人民维护国家主权、反对外来干涉的正义斗争。我们将继续向古巴提供力所能及的援助，坚定支持古巴社会主义建设事业。

卡斯特罗表示，我和古巴的同志们十分关心中国发生的一切。中国人口众多、文化悠久，中华民族是富有勤劳精神的民族，中国人民克服了各种难以想象的困难，取得了巨大的建设成就。在当前国际金融危机日益蔓延的情况下，中国经济依然保持着良好发展势头，这说明中国是准备最充分的国家。中国是当今世界最具发展活力的国家，没有任何力量能够阻挡中国前进的步伐。

卡斯特罗告诉胡主席，我在古巴仍保持着精神方面的领导地位，党内职务也会保留到下届党代会。现在我尽力做些事情，在思想上发挥些作用。

关于照片问题

卡斯特罗的会见，照例没让中方记者前往。古方也只有卡斯特罗身边的人负责摄影，照了几张照片，没有摄像。因此，在双方的报道中，都只见到卡斯特罗与胡主席握手的照片，而没有会见影像。

说到照片，也是搞得好紧张的一件事。

会见结束，将近 12 点，紧接着的活动是劳尔的午宴。宴会快结束时，代表团主管领导找到我，让我务必在下午 3 点前从古方手里要到胡主席与卡斯特罗会见的照片，称只有这样才能赶上《人民日报》当天版的报道。

古巴与中国的时差是 12 个小时，《人民日报》是凌晨 2 点最终封版。

我看了看表，已经快 2 点了。我只有 1 个多小时的时间！

事不宜迟，我马上给古共中央意识形态部部长阿方索打电话，他是个能办事的朋友，这事也正好归他管。

我讲了要照片配合发表消息的重要性，还讲了我们国内党报等待发稿的迫切性，他很理解，也很帮忙。古方对卡斯特罗的照片管理很严，要经过严格挑选才能示人，这也是现在他们不准外国记者拍照的原因，毕竟这关乎最高领导人的形象，况且还是病中的领导人，这也是可以理解的。

几番电话联系下来，事情基本上成了。他开始给我往邮箱里发照片，但网络不给力，怎么也下载不下来，真是干着急，没办法。眼看着就来不及了，最后我俩商定，他给我一个 U 盘，派人送到饭店。

我立即派人在饭店大堂等候，接收后直接送给代表团负责新闻报道的同志。

幸好的是，古巴交通状况良好，没有堵车这回事，U 盘很快送到了，总算按时完成了任务。

对阿方索部长我要好好答谢他。

卡斯特罗就会见胡锦涛主席事发表文章

11 月 20 日，胡主席离开古巴的第二天，卡斯特罗在古共中央机关报《格拉玛报》上的《菲德尔同志的思考》专栏中撰写了题为《与胡锦涛的会晤》的文章。全文如下：

> 我本想少谈一些，但他令我展开话题谈了不少；我提了一些问题，但主要是听他讲。
>
> 他在谈话中讲述了近 10 个月来中国人民的伟大壮举。异乎

寻常的特大雪灾、波及范围三倍于古巴领土的大地震，以及上世纪30年代经济大萧条以来最严重的国际经济危机，所有这些冲击着这个有着13亿人口的大国。

包括工人、农民、体力和脑力劳动者在内的全体中国人民做出的巨大努力，中国人传统的牺牲精神以及有着几千年历史的中国文化在我的脑海中一一闪过。中国的文明早于西方殖民统治时期数千年，如今垄断世界经济的7国集团成员国的权力和财富不过是在殖民时代才出现的。

这位前来我们这样一个被封锁、被侵略和被威胁的国家访问的领导人在全球化时代肩负的责任是多么巨大啊！像我们国家一样，有60个或更多被称为恐怖主义的国家，难道不是可能会遭受到防御性的、先发制人的打击吗？这是那位疯癫的帝国总统6年前说过的话，他在5天前在华盛顿与20国集团进行了会晤。

中国是20国集团中唯一一个能够通过国家调节实现高指数增长的国家，按其预计的节奏，2009年的经济增长率不会低于8%。最近一次在2007年召开的党代会的设想是，以当年不变价格计算，2000年到2020年之间实现人均国内生产总值翻两番的目标。他就此向我做了详尽的介绍。在和平的条件下，到这一时期末，中国的年人均国内生产总值将不少于4000美元。我想，我们不能也不该忘记，中国是一个新兴国家，在革命胜利之初，她的人口远少于现在，那时的人均收入还不到400美元，且被帝国主义完全孤立。拿这个数字和资本主义发达国家，诸如日本、西欧、美国和加拿大比较一下，他们现在拥有的年人均收入在2万美元或更高得多，一些国家超过了年人均4万美元，尽管他们的社会分配极为不公。

中国靠汗水和牺牲积累了近2万亿美元的外汇储备，使用其中的5860亿，中国可以应对当前的危机并继续向前发展。还有其他哪个国家有如此的笃定吗？

中国国家主席、中共中央总书记、党和国家中央军事委员会主席胡锦涛是一位对自己的权力有清醒认识并知道如何充分行使它的领导人。

为使我们这个岛国的经济能够得到一些发展，他率领的代表团与古巴签署了12项合作协议。古巴全境都在遭受着越来越强的飓风袭击，这也是气候的确正在发生变化的一个佐证。中国遭受地震灾害区域的面积不到这个多民族大国总面积的4%。

在一些情况下，一个独立国家的领土面积、地理位置以及人口数量起着重要的作用。

到处豪夺各国培养出来的知识人才的美国会像对待古巴那样对中国公民实施移民调整法吗？很明显，绝对不可能。那会对所有拉美国家实施吗？当然也不可能。

一个小国是不可能每天都有接待像胡锦涛这样一位有个人魅力和威望的领导人的机会的。现在，他将继续他的旅程前往利马。那里将举行另一个盛会。

据悉，在只有20国领导人聚会的华盛顿，特有的安全措施和东道主为阻止可能杀害与会领导人的任何企图而提出的要求，改变了当地市民的习惯和日常生活。在利马这个大都市又会怎样呢？毫无疑问，这座城市将被武装部队所控制，在那里走动将会是一件很难的事情；此外，那里还会有不少经过美国等国家机构特殊训练的人员，他们的目的和计划只能在多年以后，在这个帝国数个总统任期结束之后才会知晓。

我非常概括地向他介绍了一些我国对北方邻国习性的看

法，这个国家总是企图将他的想法、他的思维方式以及他的利益通过他们满载着核武器和攻击型轰炸机的舰队强加于我们；我还介绍了委内瑞拉和古巴从我们最困难的特殊时期开始的休戚与共的利害关系，并谈及自然灾害的严重打击。我向他介绍，查韦斯总统是中国的超级“粉丝”，他已成为社会主义最坚定的卫士，因为社会主义是唯一能够给拉美人民带来正义的体制。

北京给这位玻利瓦尔领导人留下了一份美好的回忆。

胡锦涛主席重申，愿同古巴这个他充满崇高敬意的国家继续发展关系。

我们的交谈持续了 1 小时 38 分钟。会晤热烈、友好、谦虚、亲切之情溢于言表。我看到他年轻、健康、坚强。祝愿我们尊贵的、兄弟般的朋友在他的工作中取得更大成就。感谢他鼓舞人心的访问以及愿与我举行单独会晤所给予的荣幸！

卡斯特罗（签字）

2008 年 11 月 19 日下午 1 至 12 时

六、老卡召见

真没想到，老卡病后，我还能有机会再次单独见到他！又是卡氏风格给我的一个惊喜。

会见前的联系

2009 年 3 月 16 日，下午刚上班，我的礼宾秘书就接到卡斯特罗贴身警卫尼瓦尔多的电话，称卡斯特罗要在 4 : 30 与大使通电话。

这可不是闹着玩的，怕秘书有误，我让他再次确认。

确实如此。

这没什么可说的，老卡的电话能耽误吗？他说几点就几点呗。我让秘书告，直接打到我的座机电话上就行了。

3 点钟，我还有个会见。完事后，就开始琢磨，卡斯特罗打电话会是什么事？和夫人锡军讨论了半天，觉得老卡可不是一个循常规办事的人，他在想什么、会谈什么，你还真难猜。只能按部就班地先准备几项吧：中国刚开过的“两会”的主要内容；中国如何应对世界金融危机；中古双边关系与合作情况。再有，可以向他的康复表示祝贺，如身体许可，邀请他到使馆来做客；询问送给他的布鞋穿着情况，如感觉舒适合脚，可以继续送给他……总的原则是，听他说，答他问，见机行事吧。

4 : 30 到了，电话却无声无息，只有等。

4 : 45 了，还没动静，我又有些怀疑了：该不是人家在等我的电话吧？

又向礼宾官确认，是对方来电话，那就只好接着等了。

4 : 50，电话终于响了。还是尼瓦尔多。这次他说，总司令请大使到他的住处来谈，5 点会派车到使馆接人，司机名叫莱亚尔。

要去见老卡！这倒是我没有想到的。看来他们早已定了，只是不早告诉你，不给你准备的时间。

机会难得。锡军是 2006 年 10 月才来的古巴，那时老卡已生病，因此一直没有机会见到他，甚感遗憾，早就嘀咕着啥时能见上老卡一面就好了。这次大概是唯一的机会了。

我问，我能否带两个人去？我的夫人非常想见总司令；还有，我可否带上秘书？

尼瓦尔多说，这个总司令没有说。

我说，没关系，能带则带，不能则罢，不要为难。请给我几分钟更衣时间，见总司令我要穿戴整齐，这是礼貌。

说话间，锡军听说能去见老卡，早已跑去换衣服了。

警卫很快给了回话，称卡斯特罗同意我带两人前去。

10 分钟，我们已准备停当。

前往老卡住所

5:05，我们夫妇俩和政治处主任小崔坐上了卡斯特罗派来的车。这是一辆普通的白色拉达车，车牌是黄色的，但不同于普通私家车的黄色牌子，更明亮些，车号为“HDP005”。

司机莱亚尔 53 岁，穿着军装。聊天中得知，他跟随卡斯特罗身边已经 34 年了，先是做技术工作，后做老卡的警卫，也有 20 多年了。

他的车技很好。也许是为了赶时间，也许是习惯了，把个老旧的“拉达”车开得比我的司机开“奔驰”还快。不过坐他的车很安心，虽然左右变线的不断超车，却没有一次让人感到心悬，技术绝对过硬。

车向着内务部医院的方向开去。快到时却拐了个弯，绕到了医院后面。在到一条林荫岔道时，见到路口设有岗亭和车障，还有一名卫兵把守。在询问了司机的名字，看了车牌后就放行了。

这条路上没有往来车辆，也没有什么人家，路两边都是高高的围墙，不知是什么单位。沿路前行约有百米，车子拐向路一侧的一个别墅小院。百米间的道路上有两个岗哨，每处有一个士兵站岗，还配了枪。

别墅的院门开着，车子直接开了进去。路的一边是别墅小屋，另一边有些儿童游乐设施，有一架秋千，一副跷跷板和一个荡船。院内空无一人。

开了有三、五十米，车停在里面一个院门前。

门马上打开了，门内站着老卡的夫人达莉亚，我在老卡病后会见的场合多次见到她，已很熟悉。达莉亚大概有60多岁的样子，个子不高，身材保持得很好，不胖也不瘦；一双带笑的眼睛，看人很和蔼；高高的鼻梁，使得鼻子的线条看上去硬了一些；宽阔的嘴巴，配上薄薄的嘴唇很耐看；眉毛修得细细的，显示着女人的妩媚；亚麻色的头发很随意地盘在脑后；皮肤是健康的麦色，应该是户外活动不少。也许是年纪大了，已看不出年轻时的风韵，但整个人看上去很优雅，也很干练，而且一点儿不显老。

达莉亚热情地向我们问好。原来这才是卡斯特罗住的地方，是个院中院。

门外的路向前还有延伸，不知通往何处。估计应有与内务部医院相通的后门，这样医务人员来此照顾老卡也会方便些。

后来才知道，这里就是老卡的家。那个地方使馆有人曾经走过，说是走到11街尽头时有士兵拦截不让通过，称那里是军事禁区，让拐弯绕行。当时坐在车里的使馆古巴籍雇员就说，那边是卡斯特罗的家。使馆同事以为他是猜测，没想到还真就是了。

能有幸造访卡斯特罗的家，在中国大使中我这也算是头一份了吧？

关于老卡夫人

关于卡斯特罗的夫人，自从他与发妻离婚后，几十年来，卡斯特罗在公共场合以及对外正式活动中，始终是独往独来，从未见夫人的身影；他的后代，也只见首次婚姻中的长子小菲德尔·卡斯特罗。来使馆吃饭，卡斯特罗也从来都是只身前来，从未提到过家人和夫人。只有在他这次病倒后，在医院的几次会客中，才见达莉亚陪在身旁。

关于达莉亚，在巴西记者克劳迪娅·福丽娅所著的《卡斯特罗传》一书中有所提及。她是这样写的：

“在扫盲运动中视察全国时，发生了罕见的事。在拉斯维利亚斯，他（指卡斯特罗）认识了达莉亚（拉拉）·索托。她是位身材修长，容貌娇好的女子，朴实而又有些脱俗。他被吸引，拜访了她，双方的愿望春华秋实。于是，在他的生活历程中，他与她产生了一种永远割舍不断的关系。在隐秘的背后，拉拉与塞利亚组成了菲德尔的理想女性联合。拉拉过着普通劳动者的日常生活，她至今仍喜欢待在海马尼塔斯的家中打发时光。她为菲德尔生了5个孩子：亚历克斯、亚历克西斯、亚历杭德罗、安东尼奥和安赫尔。他们在古巴像普通人一样长大成人，只是对大部分朋友、伙伴和其他熟人隐藏了身份，主要出于安全考虑。”

上文中提到的塞利亚（Celia Sánchez），是古巴的女英雄，马埃斯特腊山上第一位女游击队员，卡斯特罗最亲密的革命战友。她年长卡斯特罗五岁，从游击战时期开始，在长达23年的时间里，她既是卡斯特罗的女友，又是他的助手和顾问。1980年因肺癌去世。

上网查了一下有关达莉亚的资料。内容不多，寥寥数语：

达莉亚·索托·德巴列（Dalia Soto del Valle），1946年出生。与卡斯特罗相伴多年一直没有结婚，直到1980年才举行了秘密婚礼。

这就对了。在塞利亚去世后，达莉亚与卡斯特罗正式结为夫妻应是水到渠成的事情。看来，网上讲的这些还是有些根据的。

达莉亚与卡斯特罗相识在上世纪六十年代初，她为卡斯特罗料理家务，照看孩子，在40多年的时间里从未担任过第一夫人的角色，只是默默地承担着贤妻良母的职责，陪伴在亲爱的“大胡子”身边，与他一起优雅地变老。这样的夫人，不图名，不露脸，甘于寂寞，甘于奉献，真是难得！

老卡的住所和他本人的情况

这是一个很精致的院落，房屋呈倒L形格局。进入院中，一条整洁的釉面方砖甬道直通正对着的一个房门。一侧，一个长方形泳池，碧水微澜，清澈见底，令人心怡；再远处，是一片不小的草地，四周花木有序，修剪得干净整齐。

来到门前，透过纱窗门可以看到，卡斯特罗已经站在屋内等待我们了。

我们赶紧进屋，向老卡问候。我介绍了夫人和秘书。

卡斯特罗高兴地笑着，和我们一一握手，还特别对锡军说，没有准备有女士到场，没有更衣。

我忙说，没有必要，随意、舒适就好。

见我们都会西班牙语，老卡很开心，说，你们的西语都不错啊，比我说得好。

大家都笑了。

卡斯特罗精神很好，握手时也能感到他宽厚的大手温暖、有力。

卡斯特罗身边站着一个肤色不算太深的黑人小伙，有三、四十岁，是警卫尼瓦尔多。

寒暄过后，宾主落座。黑小伙照顾老卡坐下后，悄无声息地离开了。达莉亚拿了张小凳，坐在了老卡身后，还拿了本子和笔，准备做记录。

老卡的对面，已为我们摆好三把摇椅，我们依次坐下。

卡斯特罗坐在一把高高的轮椅上。看来这是为他特制的椅子，这样的高度才够他把那双大长腿舒展地放开（卡斯特罗的右腿2004年摔伤后，虽恢复得不错，但还是有些小问题，坐时不能弯屈的角度太大，要伸得直一些。老卡是个大个子，一般的座椅对他来说太矮了，所以他的专座比正常椅子高了不少）。轮椅旁放着一个带轮的双层小茶几，高度正适合他随手拿取东西。上层放着一摞蓝色塑料皮的记事本，大概是他分门别类做摘记用的；旁边是一些书、剪报。下层是各种报纸、杂志。

细看老卡，上身穿着一件蓝色长袖阿迪达斯运动衣，里边套着一件黑色滚着红边的开身针织衫，在这个季节，穿的不算少。但下身却只穿了条运动短裤，这也是他抱歉没有更衣的原因。再往下看，是一双齐膝的黑色长筒棉袜，脚上是一双篮球运动鞋式的黑色棉制系带鞋，看上去很是敦实、柔软、舒适。

说到老卡的腿，还真引起我们的注意。腿部浑圆，肌肉紧致，皮肤光泽度也很好，绝对健壮、结实，怎么看也不像是80多岁老人的腿！和我们这些50多岁的人比也绝对不差，这应该归功于他早年的体育锻炼吧？年轻时的老卡可是运动健将呢！

卡斯特罗的气色看上去也非常好。与去年11月与胡主席合影时的样子相比胖了不少，脸不再是尖削下去的，脸颊上有了肉；面色白里透红，没有这个岁数老人常有的老年斑和皱纹；两眼也很有神，灵活地转动着；说话声音底气也足了，吐字清晰，给人的整体感觉没有一点病态，很健康的一个老人。

环顾房间，这应该是老卡日常接待的地方。房间不大，也就二、三十平方米的样子，却四通八达，与旁边几个房间都贯通着。房中放着一套淡藕荷色的藤编摇椅，一大六小，小巧精致，我们坐的就是这种摇椅，坐着很舒适。屋角以及梁上、柱上摆放着、悬挂着一些绿色植物和吊兰，给房间增添了不少暖意和活力，看上去也更有了家的温馨。墙上挂满了各种风格的油画、铜牌、挂盘等装饰物，琳琅满目，大概不少是访客的赠礼吧。

向纵深看，连通的那个房间放着沙发，墙上有彩绘玻璃装饰，但光线有些暗。没有看到房间全貌，想来也是起居室，或者书房之类的吧。

右边顶头的一侧，有一扇门半开着，从露出的设施看是厨房。左侧连接的房间是餐厅，摆着一张长方形的餐桌，几把椅子。靠墙的矮柜上，一座自鸣钟每隔15分钟就奏响一次，不倦地提示着流逝的时间。

我们就这样，坐在摇椅中，和卡斯特罗面对面地聊了起来。

与老卡谈他的身体情况

我先向卡斯特罗表示祝贺，说，看到您这样健康，恢复得这样好，非常高兴。我已看到报道，说您已经能上街散步了。这真是太好了。

老卡由衷地笑了，说，我现在每天都外出散步，适当地做些运动，已完全恢复了，一切都很好。

看得出，他对自己的现状很满意。

卡斯特罗告，他的康复是一个漫长的过程。这其中需要康复的，不仅是2006年手术后的恢复，也有2004年腿部摔伤后的康复。特别是06年病倒后，一度很严重，在一段时间里做了很多次手术，有些实际上是不必要做的，结果消耗过大，伤了身体。现在已逐渐恢复过来，没有问题了，且越来越好。现在的任务就是工作，每天阅读大量的东西，了解各种情况，跟踪时事。也看电视，特别是这段时间，正在进行第二届世界棒球经典赛（这是他的最爱，卡斯特罗年轻时代曾是棒球运动员），每场比赛必看。最晚一次观看比赛至凌晨5点。

我说，您可要注意休息，千万不能熬到早晨才睡觉。

他笑着点头，说，是这样的，医生也批评我了。我已注意改正了。

我说，您身体恢复了，什么时候可以到使馆去，我请您吃您喜爱的中国餐。您已好久没去了。

卡斯特罗说，是啊。但现在我吃饭要严遵医嘱。我一直在调理中，医生对我严加控制。每天摄取多少蛋白质，多少卡路里，营养师说了算。去使馆吃饭只能以后再说，慢慢来吧。术后我已长了9公斤，现在体重有81公斤了。

说到得意处，老卡顽皮地挤着眼，一副老顽童的憨态，煞是可爱。

老卡约谈的目的及谈及问题

我说，胡主席非常关心您的身体情况。

卡斯特罗表示感谢。他说，今天约你来，就是要请你向胡主席转交一封信。

说着，他从坐在旁边的夫人手中接过有他亲笔签名的信函递给我，让我先看一看。

我拿到手中翻了翻，有八、九页之多，看一遍会耽误不少时间。

我问，我是现在看，还是拿回去再看？

老卡说，现在看。要不，还是我来读吧。

他一边把信拿了回去，一边说，上周末我在这里与委内瑞拉总统查韦斯见了面。我们谈了很多。我愿让胡主席知道我们交谈的内容。

说着，他读了起来。一边读，一边不断地停下来，穿插做着解说。

卡斯特罗在读信过程中，间或对世界大事进行着评说，思维敏捷，思路清晰，高屋建瓴，一派大家气势，不愧是领袖人物。

我们的谈话自然是从中国开始。卡斯特罗认为，用不了几年时间，中国将成为世界第一大经济体。现在，中国、日本和韩国三家加在一起经济总量已接近美国。如果没有中国的支持，美国经济根本撑不下去。美国是一个靠贷款度日的国家，民众的生活也习惯利用贷款。目前，中、日、韩三国是持有美国国债最多的国家，分列前三名。这是一种聪明的做法，此举使中国经济更加稳固。印度经济的稳定性难以与中国相比。

当今世界，中国的经济强大已是不争的事实。俄罗斯没有中国这样的经济实力，但它拥有强大的军事实力，因此也有资本与美国抗衡。对第三世界国家而言，中国的发展道路更具有借鉴意义。

卡斯特罗对世界金融危机进行评说。他认为，如今世界经济危机的规模越来越大，发生频率越来越快，形成了一种恶性循环。科技、经济和权力日益被垄断。此次国际金融危机反映的不是一个简单的问题，它表明当今世界缺少一个有准备、有能力的领导群体。现在的国家领导人靠临场发挥，制定应对措施，只见一个个峰会的召开，包括 20 国集团峰会，却什么问题也解决不了。

卡斯特罗分析了拉美地区形势。他说，昨天，萨尔瓦多左翼组织马蒂民族解放阵线在全国大选中获胜，这对右翼是一个沉重打击。在此之前，尼加拉瓜、洪都拉斯、危地马拉都已是左派掌权，现在加上萨尔瓦多，中美洲已有 4 国是左派执政，地区形势因此发生了巨大变化。

墨西哥目前形势严峻。反毒斗争失败了，去年死于反毒斗争的有 6 千多人，无异于一场战争！这场斗争的根源是毒品，而毒品市场在美国。

关于国际竞争问题，卡斯特罗说，现在知识更新的速度越来越快。我看到一份研究材料说，知识更新的频率以前是平均每 14 年一次，最近 50 年，更是每 12 年就一次。国际竞争靠多种因素，不能仅靠经济、金钱或军事。军事是垄断的一种手段，知识也是一种手段。美国就非常注意网罗人才。他们制定了吸纳人才的计划，在人们意想不到的地方，海地，建立了一所学院，专门培养从世界各地挑选出来的高中生，向他们灌输资本主义思想。奥巴马要想改善美国的形象就不能再依靠军事手段。

此外，在讲到古巴电厂时，卡斯特罗还介绍了古巴利用重油发电的情况。

卡斯特罗讲到，古巴现有发电设备是从日本、捷克和俄罗斯进口的。西恩富戈斯（Cienfuego）发电厂使用的是日本设备，马利尔（Mariel）厂用的是俄罗斯设备，但都污染严重，使用燃料油的成本也过高。现在改用天然气，成本价格下降很多。如大使感兴趣，可协调安排到发电厂去实地参观一下。

我当然要接受老人的好意，表示非常感兴趣去看看。后来古方真的安排了，我去了西恩富戈斯发电厂。

借见面的机会，我也适时向卡斯特罗介绍了中国最近的形势，应对世界金融危机的举措，刚刚召开的“两会”情况，以及古巴在华眼科医院的情况和中国在古留学生的一些情况。

与老卡合影

这次约谈共进行了 70 分钟。

我们带了相机，准备找机会和卡斯特罗留个影，这样的机会可不多了。但见老卡未换装，不知是否愿意照相。犹豫再三，还是忍不住在告别时提出了请求，当然这话由锡军说比较合适。

没想到，老卡很爽快地答应了。

太好了！正准备取相机，却见老卡的夫人已跑去拿来了他们的相机。对啊，照片要经过他们筛选的，当然得他们照。

夫人先为我们照了几张，老卡还善解人意地嘱咐她多照些。之后，她也跑了过来，站在老卡身边，和我们共同再照了两张。这次是老卡的贴身警卫尼瓦尔多帮忙照的。

这是我们第一次与卡斯特罗夫妇的合影，而且也是第一次有卡斯特罗默默无闻的夫人的照片，真是很珍贵！

这次会见在合影后圆满结束。我们的心愿已了，一一与老卡握手告别。临出门前，再回头示意，但见老卡笑盈盈地站在那里，目送我们出屋，并以中国人的方式，向我们抱拳告别，好一幅慈祥长者的形象。

这次会见令我们难忘。

七、卡斯特罗谈查韦斯访华

2009 年 4 月，委内瑞拉总统查韦斯结束访华，在归国途中先到古巴，与卡斯特罗和劳尔见面，10 日凌晨抵达。虽时间很不适宜，劳尔还是亲临机场迎接，古巴与委内瑞拉的关系可见一斑。

老卡以《查韦斯的消息》为题写了专栏文章，谈查韦斯访华。从文章看，是分成与查韦斯会见前、和会见后两个时间段写出来的。在尚未见面前，老卡已迫不及待地开始写作了。

前一段卡斯特罗是根据相关报道写的。卡斯特罗称，在危机横扫世界所有国家之时，查韦斯的中国和日本之行是一个政治战略的典范。他将日本视为世界工业化程度最高的国家之一，一个对委内瑞拉产品的重要市场。特别是他清楚地判定，中国借助其快速的发展将成为世界最大的经济强国，一个世界贸易无法回避的堡垒，一个第三世界国家的支点。

卡斯特罗在文中引用了大量媒体对查韦斯在中国活动的报道：“查韦斯说，他和中国主席胡锦涛已商定加强合作，使中国在 2010 年得到每日 100 万桶原油。为实现这一供应，在中国境内将建立一个委内瑞拉炼油厂，并成立一个两国合资的石油航运公司，这是他此访的主要目的。”

“查韦斯认为，建立一个中国和拉美加勒比联盟的平台是必不可少的。”

“查韦斯说，中国有远见卓识。我的政府刚上台几个月，我就访问了中国。”

“查韦斯称，中国是牵引世界走出危机的最大的发动机。如果说华盛顿曾是帝国世界的首都，那么今天北京就是多极世界中大的中心之一。”

“查韦斯在访问中央党校时说，我们正在创建我们的党校，尽管她才存在1年的时间。党的核心成员应该经过党校的培训，因为我们在着手形成一个伟大的政党，她拥有一个清晰的思想体系：社会主义。”

卡斯特罗和查韦斯见面的时间是在下午近4点（卡斯特罗在文中精确的记载15：55查韦斯到达）。

卡斯特罗写道，查韦斯对与胡锦涛主席的会晤高兴至极。查韦斯对我讲述了在其工作访问中进行的广泛对话，在人民大会堂为其举行的晚宴，以及接受胡主席提议对中央党校的参观情况。查韦斯还与习近平副主席交换了看法。习近平在访问委内瑞拉时已与查韦斯结识，并给查韦斯留下了深刻的印象。查韦斯同他的朋友、中国开发银行行长陈元也见了面；还和外长进行了交谈。

卡斯特罗称，他们的谈话进行了两个小时五十分钟，谈及很多事情。卡斯特罗向查韦斯谈到中国开始在外汇交易中使用人民币，称这并不是像中国的敌手们说的那样是为了竞争人为地贬值，而是因为中国的竞争力在逐渐提升。

卡斯特罗说，诺贝尔经济学奖获得者保罗·克鲁格曼（Paul Krugman）就坚持认为，在每隔几年就对可兑换货币进行一次确定的工作中，下次的国际货币基金组织会议很可能就将人民币同美元、欧元、英镑以及其他一些货币归为一类了。那些领导世界经济的国家不能继续对人民币视而不见了。

八、吴邦国委员长探望卡斯特罗

2009年9月，中共中央政治局常委、全国人大常委会委员长吴邦国率团对古巴进行了正式友好访问。这是我任古巴大使近4年时间里第5次接待政治局常委以上高访团。正如吴委员长在接见使馆工作人员时说的那样，古巴是中国领导人访问最多的拉美国家。

探望卡翁的时间安排在了到访第二天的上午11时。

这次会见，还是在老卡哈瓦那的家中进行，古方派了专门车队来下榻饭店接我们。

和以往一样，我们的其他人员是不能一起去的，包括警卫和采访记者等。古方称绝对保证安全，并允诺事后向我们提供影像资料。

即使不让近身，我们的警卫与礼宾人员还是跟去了，这也是他们的职责。但在进入第一道院落后就让止步了，只能在那里等候。只有载着我们4人（还有翻译）的两辆小车继续前行。

进入内院，老卡的夫人达莉亚和他的大秘书、古共中央意识形态部部长兼卡办主任阿方索已在院门内迎候了。这两位都是我的老熟人。达莉亚在3月卡斯特罗单独召见我后，已更加熟识了。

卡斯特罗站在室内门厅等候着。这次他穿了件紫红底色的格子衬衫，人被衬得更精神了。吴委员长一进屋，他就满面笑容地迎了上来，伸出双手与吴委员长握手寒暄。看得出，老人是真的很高兴。

卡斯特罗兴致很高，谈了很多，几次挽留，意犹未尽，会见用了两个多小时，远远超过预订时间。要不是吴委员长下午就要离开古巴，有个既定的出发时间，真不知他会谈到何时。就是这样，他还半开玩笑半认真地说，你们中国人怎么那么守时啊，专机晚些走不就行了！真想咱们再多聊聊呢。

卡斯特罗的谈话总是内容广泛。他笑谈，他现在是从一个局外人的角度看待世界。

卡斯特罗先介绍了一下自己的身体情况，说他现在精神很好，仍然在工作。每天的主要任务是进行思考，撰写文章。只要头脑清醒，就要战斗不止；只要还有一口气，就会坚持写下去。他笑着说，现在用的是笔杆子——“我的武器用得很好”。

卡斯特罗说，虽然他还担任着古共第一书记的职务，实际上只是个名誉罢了。现在可以说是进入后卡斯特罗时代了。

卡斯特罗谈到古巴的情况说，古巴去年经历了飓风灾害，损失巨大，达到100亿美元。目前各项工作开展起来都十分困难。劳尔对古巴人民提出了更加严格的要求，这样做既是必须的，也是必要的。

卡斯特罗还说，目前古巴发展的主要障碍是官僚主义，必须下大力气减少官僚主义风气。在谈到中国时，卡斯特罗说，非常关注中国的事情，有很多关于中国的消息，他都会认真阅读。现在各种大参考上，西方媒体对中国的报道太多了，关于金融、农产品、环境污染等等，不少内容在妖魔化中国。这些消息说明了在经济上中国同西方国家的对抗，也说明中国经济是健康稳定的。知道11月份奥巴马将访华，他毫不怀疑中国的发展会给奥巴马留下非常深刻的印象。他也知道世界银行行长要求中国增加投资。

两人的谈话让我感觉很开阔，能学到很多东西。这就是外交的特点，要博学，什么都要涉猎，不求通晓，但要知道；要敏锐，能捕捉到对方的关注点，有针对性地做工作；要深刻，对世界大事，要有自己的看法，能讲出道道来。只有这样，谈话才能有质量，也只有这样才会交到真朋友。我们作为职业外交官，是一辈子要不断学习、不断提高的。

九、老卡打电话祝贺中国 60 周年国庆

2009 年国庆适逢我建国 60 周年大庆。一个甲子，一个轮回，中华人民共和国走过了风风雨雨的 60 年。经过 30 年的积累、30 年的改革，那个曾经一穷二白、那个被西方列强讽为“东亚病夫”的中国，快速发展，用 60 年的时间走完了西方工业国家二、三百年走过的道路，如今已成为 GDP 全球第三、货物贸易全球第三、经济增长率全球第一、外汇储备全球第一的世界大国，创造了世界工业史上的奇迹。

在国庆日来临之际，古巴政府和我们使馆一起准备了一系列庆祝活动。从古方举办的华裔画家的画展，到我们举行的中国 60 年图片展；从侨社各自举办的国庆招待会，到古巴对外友好协会举行的为中华人民共和国成立 60 周年发行纪念邮票的首发式；从使馆召开的国庆招待会，到古巴政府在革命武装力量部礼堂隆重举行的庆祝中华人民共和国成立 60 周年大会，最后是劳尔主席率古巴政府众高官来使馆与我们共同观看我们在天安门广场的阅兵及庆祝活动，整个安排圆满成功。

本以为庆国庆的活动到此结束，没承想卡斯特罗亲自打来电话祝贺，给了我一个意外的惊喜。

10 月 2 日中午，我刚坐下来吃午饭，礼宾官打来电话，告卡斯特罗要和我通话。我连忙回到办公室。

卡斯特罗对我说，这两天，我连续看了两遍中国政府举行的 60 周年国庆庆典活动。先通过有线电视看了你们的现场直播节目，昨晚又看了古巴电视台的转播。两次我都是从头看到尾，感到很高兴，很振奋，从来没有看过这样精彩的阅兵和游行。我要对你，并通过

2009年9月30日，劳尔率古巴高层来中国使馆观看我国庆庆祝活动及阅兵式。

你，向中国政府和人民表示热烈祝贺，向中国60年取得的成就表示祝贺。前两天我已向我亲爱的朋友胡锦涛发了国庆贺信，转达了我个人的、特别的问候和祝贺；今天，我要再次向他祝贺。

卡斯特罗说，胡主席的讲话非常好，很重要，我认真听了讲话全文，听了两遍。我希望尽快得到胡主席讲话的西班牙文文稿。胡主席在天安门城楼上与其他领导人互动，与检阅部队、游行群众互动，很亲切，这样很好。

卡斯特罗说，我看到天安门城楼上观礼的中国领导人中有很多是我见过的老朋友，胡主席、江泽民主席、李鹏同志、还有刚刚访问古巴的吴邦国委员长，等等。他们看上去很健康，我很高兴。

卡斯特罗说，看到你们的部队行进整齐划一，军姿那样地昂扬；

看到你们的人民，无论游行人群，还是观礼嘉宾，各个喜气洋洋，欢乐溢于言表，我由衷地为你们高兴。这说明，今日的中国确实发展了，强盛了，人民群众满意。你们的阅兵，展示了那么多先进的、现代化的装备，很振军威，是我以前从来没有见过的事情，很好。这次庆典盛况空前，场面宏大，这是社会主义的胜利，我乐见一个强大的中国。

卡斯特罗建议将庆典活动多次重播，使更多的人可以看到。同时表示，希望得到庆典活动的光盘（DVD）。

老卡对事物观察仔细，思考入微，是一个对各种事情都感兴趣，对任何问题都要打破砂锅问到底的人。他还兴致勃勃地详细询问了有关庆典活动的很多细节。

卡斯特罗问，胡主席的讲话各地民众都能听懂吗？我知道中国是个多民族国家，很多地方讲的是不同的方言。有多少人能听懂胡主席的讲话？

我告诉他，中国的标准语言是普通话，这在全国早已普及。现在全国的孩子们上学老师都是用普通话授课，广播、电视节目也都用普通话播出，所以尽管中国方言很多，全国人民都能听懂胡主席的讲话。

卡斯特罗问，胡主席阅兵时说的是什么呀？

我说，是向阅兵部队问候。

卡斯特罗问，这个问候语汉语怎么说啊？

我告诉他，是“同志们好！”

卡斯特罗于是像个孩子一样，模仿汉语发音说了好几遍，让我给他纠正。然后又问，这个“好”是什么意思啊？

我向他做了解释。

卡斯特罗接着问，胡主席检阅乘坐的是什么车？是中国产的吗？

我告诉他，是“红旗”牌轿车。“红旗”轿车是1959年中国为迎接建国10周年时自主研制生产的。现在用的是最新型号的“红旗”轿车。

卡斯特罗对此很赞赏。随后又换了话题，问：阅兵部队走的真齐啊，他们训练用了多长时间？

我说，我们是今年年初决定举行国庆阅兵式的，3、4月份阅兵部队开始集结，进行了5个多月的训练。

得到答复，老卡的思绪又跳到了别处，问，那么多坦克车通过街道，不会毁坏路面吗？

我告诉他，不会的，我们采取了特殊措施，在坦克履带上作了技术处理。

能回答出这个问题，要感谢军队同志提供的信息。不久前接待了我军方领导人来古巴访问，在聊天时恰好谈及此事，听他们介绍了情况，没想到还真在此时用上了。

卡斯特罗又换了话题，说，你们的装备很现代化，中国的东西都很好。中国的茶叶也很好，我现在每天都遵医嘱喝茶。

从武器装备一下子跳到了茶叶，我忍俊不禁。随着他的思路答道，那好，我再送给你中国茶。你喝的是什么茶？

这些事老卡还真是不过问的，他的生活都由夫人和贴身秘书料理。只听他询问在一旁的夫人，之后才告诉我，喝的是红茶。

我说，好，就送你红茶。中国人喜欢喝绿茶，我可以再送你些绿茶尝尝。

老卡欣然同意，说，好，我对各种茶都有兴趣，来者不拒。

我们俩都笑了。

这次通话用了20分钟。

十、老卡为中国国庆撰文

2009 年 10 月 6 日，《格拉玛》报在“菲德尔同志的思考”专栏下，以整版篇幅发表了一篇老卡关于中国 60 年的撰文，题目是《历史不能被忽略》。卡斯特罗积极评价我国庆庆典的组织工作，热情赞扬中国军备工业的发展水平，并高度肯定胡主席在庆典上的重要讲话。

对新中国的成立，卡斯特罗指出，1949 年，中国国家革命取得胜利，点燃了被殖民国家的希望。此后许多国家毫不犹豫地打破了套在头上的枷锁。历史不能被忽略。中国人民和毛泽东的政治军事战略为反抗日本法西斯的斗争做出重要贡献，但美国却对此视而不见，对这一世界上人口最多的国家进行孤立，剥夺其参与联合国安理会的权利，派遣舰队阻止其解放本属于中国的台湾岛，支持并资助那个背叛了二战期间为反抗日本侵略者所达成的全部协定的人率领的残余部队。

对中古关系，卡斯特罗评价称，古巴与中国这样一个拥有千年文化和迄今人类最古老文明的国家间的友谊众所周知。我们与中国的关系源于启蒙古巴革命的马克思思想，经受住了两个社会主义大国间分歧的艰难考验。在苏联消失的艰难岁月里，中国与越南、老挝和朝鲜一道同古巴保持兄弟般的互助关系。

对国庆庆典，卡斯特罗说，我对中国革命胜利 60 周年的庆祝活动特别关注。各方都表达了同一个思想，即这是一次实力的展示。新闻都特别集中报道了阅兵的场面。阅兵中展示的先进技术是中国军事数十年前从零起步逐步形成的发达军事能力不可辩驳的明证。不可战胜的是人的因素。任何西方发达国家都不可能达到中国那天展示的精确和组织水平。参加阅兵的不同军种，无论男女都无比庄重、优雅。或许任何一个人都会对成千上万的人能够达到如此完美的组织水准感到难以置信。庆典开始部分，以及中国国家元首检阅军队的场面令人印象深刻，从中可以看出人民对国家领导的巨大认同。

卡斯特罗大段引用了胡主席在庆典上的讲话，称道胡锦涛的讲话短小精悍，在不到 10 分钟的时间里传达了许多思想，其概括能力超过了奥巴马。卡斯特罗强调，胡主席讲话面对的是近五倍于美国总统所面对的人口。胡锦涛的话是对美国帝国战争和威胁政策的有力回击。

卡斯特罗还用赞扬中国的方式，不点名地批判了一通美国。他说，中国不必关闭任何酷刑基地，没有与任何国家发生战争，没有派遣士兵奔赴一万公里以外的地方用精密战争工具进行干涉和杀戮，没有在别国建立成百上千的军事基地，没有巨型舰队游弋在各大洋，没有数以万亿计的美元债务。在重大国际金融危机之际，中国向世界提供的是合作，其经济不仅没有陷入衰退，反而保持着高速增长。

十一、老卡又来电话

2009 年 10 月 8 日下午，老卡又给我打来了电话。

卡斯特罗说，这次打电话没什么事，就是看了你们的国庆阅兵和“十一”晚会后，感觉真是太好了，给人留下的印象太深刻了，想再向你表示一下祝贺。古巴电视台将中国的阅兵和晚会都进行了转播，但我觉得还不够，又让“圆桌论坛”（古巴名牌专栏节目）把我们认为最好的一些精彩片断做了重播。我的感觉就是：非常好！

卡斯特罗还说，我看了温家宝总理访问朝鲜的报道。他去志愿军墓献花圈，做得非常好。虽然西方媒体对此进行攻击、污蔑，但我觉得这是非常好的事情。中国志愿军抗美援朝在历史上是一件很重要的事情，国家总理去献花圈也十分重要。

我说，您说得很对。当年的那场战争，是美帝国主义对朝鲜发动的侵略战争。中国人民志愿军赴朝作战，是支持朝鲜人民反抗侵略，维护正义，保家卫国的行动。

卡斯特罗说，对。我看温总理的访问很成功，非常好。

卡斯特罗说，好，我没有别的事情，就是祝贺祝贺，通通话。以后我会经常打电话给你，和你通通话，向你提问题；或者请你到我家来，咱们聊聊天。

我说，好啊！您有什么问题？尽管问我。

卡斯特罗说，现在还说不上，有问题我会随时找你。

我说，我非常高兴能和您通话或到你家去聊天。您的身体现在越来越好，我也希望您能和家人一起来使馆，再品尝品尝中国菜。

老卡笑了，却没有接我的话。看来医生对他的饮食管理很严，至少在短期内他是没有口福吃他喜爱的中国菜了。

卡斯特罗一转话题说，嗯，中国的茶也特别好。

我赶紧说，我给您送些中国绿茶去吧。

我告诉老卡，我送的茶是原态茶，一叶一叶的，不是西方人喝的那种已加工成粉末状的袋茶。

随后，我向他详细解说了中国茶的冲泡方法，告诉他不要用滚开的水，因为绿茶都是用最嫩的叶子制成的，过烫的水会影响茶叶的颜色、口味，特别是会破坏茶叶的营养成分；水煮开后略放一会儿，80° 的温度最为适宜；最好用透明的玻璃杯，这样可以很好地欣赏到竖立在水中的茶叶形态以及它那可人的绿色；还有，一杯茶可以反复冲泡两、三杯，其中二遍茶是最好喝的。

11 日傍晚，我们刚刚从外地访问回到家，“卡办”的电话就打过来了。值班警卫告，卡斯特罗夫人达莉亚要同大使通话。

达莉亚说，总司令这几天正在喝你送的绿茶，喝后感觉很好，他非常高兴，一定让我打电话给你，和你说一下。

我说，那太好了。总司令喜欢，我也很高兴。

达莉亚说，他可认真了，每次用天秤称重，每次 3 克。这个量行吧？

一般的袋茶是每袋 5 克。老人喝的略淡些挺好。

我说，行，这个量挺合适。也可以根据各人口味，增添或减少。茶和水的比例一般是 1∶50 左右，就是 1 克茶加 50 毫升水。第二遍茶是最好喝的。

达莉亚说，对，我们就是按照你教的方法冲泡的，果然很好。

我说，请总司令放心喝吧，我还会再送茶给他。

我也让文化处的同志在找，有没有关于中国茶文化方面的西语书籍或音像制品，一并送给卡斯特罗。像老卡这样热爱学习、喜欢钻研的人，这些东西到他手一定不会束之高阁的。

第六章　卡斯特罗用心良苦的中国留学生项目

一、卡斯特罗推动的中国留古学生项目

古巴是为中国培养西班牙语人才最多的国家。早在上个世纪六十年代，两国建交之初，就有很多中国学子赴古巴学习语言。这里所说的中国留古学生项目，是说新世纪以来，由卡斯特罗提议古巴单方面为中国提供公费留学生的项目。此次项目时间之长，从2006年至2016年，历时十年；人数之多，原定5千人，后因古巴受灾中断，共有3417名中国学生赴古巴学习，创下了我国公费赴西班牙语国家留学生的记录。

小蜜蜂少儿艺术团为欢迎中国留学生的演出。

项目的由来

2006年3月，陈至立国务委员访问古巴时，在卡斯特罗的建议下，双方商定，除原来双方已执行的每年交换100名国家奖学金公派留学生外，古巴政府再单方面为中国提供800名公费留学生名额。除学生来古巴的机票费用自理外，在古巴的一切费用均由古方承担。准备从应届高中毕业生中招收，来古巴上一年语言预科后，合格者可选择医学、护理学及西班牙语三个学科，在古巴大学完成本科学习。

卡斯特罗心思缜密，考虑得十分周到，明确指出招收对象为中国中西部贫困地区的学生。卡斯特罗的想法是，第一，中国的中西部地区大学资源稀缺，这样能给中国贫困地区上学难的学生提供免费接受高等教育的机会，帮助中国为中西部地区培养人才；

第二，因为古巴生活条件比较艰苦，那里来的学生更能适应古巴的环境。

古方坦承，卡斯特罗的这个提议，旨在回报中国在近20年来对古巴慷慨无私的支持，古巴愿为中国的发展做些贡献。

多么感人的创意！难怪卡斯特罗在中国有那么多“粉丝”，他的眼光确实不囿于古巴岛，不愧为有着广博胸怀的政治家。

中国学生到来

卡斯特罗是个急性子，决定了的事就要马上干。2006年初谈妥此事后，古巴方面很快成立了专项办公室，由卡斯特罗的外孙女挂帅，项目进展情况均以简报形式及时、直接上报卡斯特罗。即使在病倒后，老卡依然密切关注着各项工作，并做出了很多具体指示。古方以特事特办的速度，在短期内完成了校舍、设备、师资等筹备工作；中方在2006年高考后，在四川、陕西、河南、甘肃、青海五省遴选了一批考分超过二本线的学生。由于是新项目，把关较严，且起步较晚，招到的学生不多，共210名，于2006年10月抵达古巴。

中国一下子有200多名学生公费出国学习西班牙语已是前所未有的事情了，可老卡却很不满意，因为这个数字离他提出的800人相去甚远。于是，中国教育部留学基金委员会应古巴方面的要求，又在上述五省以及贵州、广西、内蒙古、宁夏、河南等地当年高考学生中进行了第二批选拔，又招了211人，于2007年3月到达古巴。

因为卡斯特罗的直接关注，古方为我们的学生提供了他们能够提供的最好条件和待遇。

从接机开始，就摆出了接待贵宾的架式：学生们从机场贵宾通道出关，免检、免验直接入境；古方有关官员、享有国际声誉的著名运动员如古巴女排老明星路易斯及其他金牌得主、古巴少先队员代表等到机场欢迎；少先队员给每位同学献花、赠送小礼物，一旁还有载歌载舞的欢迎队伍，甚至还安排了中国同学熟悉的舞狮表演。因为航班座位有限，不可能把一次航班全给中国学生，所以，我们的学生每次都是分三批抵达的，这样的欢迎仪式每批都有。中国大使或文化参赞也代表中方前往迎接。

一期210名同学来时，古方安排了欢迎晚餐会，我们也出席了。晚餐很丰盛，量也很大，是按照古巴人的食量标准配备的，中国孩子绝对吃不了。餐后是文艺表演。二期同学来后，还专门邀请古巴小蜜蜂儿童艺术团的孩子们进行了专场欢迎演出。

一期学生2007年9月预科结业时，校方组织了一周的夏令营活动，到海边休假区度假，享受了一回古巴的海滩美景。结业式是在古巴会议宫举行的（相当于在我们人民大会堂的待遇了），古共中央书记处书记、教育部长等一系列高官出席，向每位学生赠送了一本西班牙语大辞典。仪式后，还举行了烛光晚宴。古巴人很有情调，很能整出些气氛，优雅的环境、整洁的席位、丰盛的食品、到位的服务，连我们这些见惯了各式场面的外交官都觉得很上档次，孩子们就更别提多兴奋了。

对这样的精心安排，别说我们的学生们从没经历过，我们在古巴工作多年也从未听说其他国家留学生有过这样的待遇，实在是太费心了。其实这些是可以省略的，因为我们不想搞得太特殊。但这是古巴方面的一片心意，他们愿把这个项目做到最好，我们只有感谢。

古巴为中国学生提供了最好的条件

古巴与今天的中国相比，物质生活条件确实差了不少。但因为

古方向预科结业学生颁发证书、西班牙语辞典和礼物。

有卡斯特罗的特别关注，古巴政府确实是尽了一切可能为中国留学生提供了最好的学习和生活条件。

最先抵达的两期学生中，300 多名学语言的学生被安排在名为圣地亚哥·菲格罗亚（SANTIAGO FIGUEROA）的学校里（还有五、六十名学医的学生安排在另外的地方）。以前这里是一所职业专科学校所在地，现在成了中国学生专用学校，位于哈瓦那省一个小镇圣安东尼奥·德尔巴尼奥（SAN ANTOÑO DEL BAÑO）附近，离首都近 50 公里距离。

为迎接中国学生，古方首先从硬件上做了最大努力：

一是为所有教室、宿舍、食堂，及其他公共场所都安装了空调。古巴大部分地区是热带雨林气候，日照充分，雨季湿度较大，一年中大多时间给人的感觉是那种黏黏的炎热感，一天到晚浑身是汗，很不爽。按理说，这样的气候条件，有空调装置是必须的。但要知道，古巴的电力供应是很紧张的，连哈瓦那市也经常停电；且因为费用问题，普通百姓家是没有空调的。驻古巴的各国使馆为了保证用电，都是自己备有发电机，以应付停电之需。所以，一所学校，处处都有空调，实属特殊之特殊的待遇了。并且，为了保证学生学习、生活方便，学校也安装了发电机。

二是按照每两人一台的数量配备了电脑，并且可以上网。这在古巴也是极其奢侈的。这里的电脑普及率并不高，个人拥有电脑的很少，上网的费用也极贵，能有钱经常上网的学生少之又少。古方这样做是为了让我们的学生除了学习外，还能够通过网络与中国的家人联系，实在是考虑周到。

三是每天供应热水洗澡。洗澡用热水似乎是天经地义的事情，但在古巴却不是如此。古巴天气热，加之烧热水费电费钱，居民洗澡多数是用自来水；即使一般的宾馆饭店也不是都有热水供应，所以能用热水洗澡是很令人羡慕的事。虽然学校不是 24 小时有热水，但这已是四星以上宾馆的待遇了。

四是学校还配有专用大巴，便于组织外出参观、游览、购物。这也是对中国学生的特殊待遇。这样的活动还不少，几乎每个周末都会安排；不但游哈瓦那，外地也没少去，我们的学生几年下来，跑了古巴很多地方，是学习外的另一收获。古巴的交通状况因车辆短缺而异常紧张，等公交车需费很多时间。近年来，中国的“宇通车”进入古巴，代替了以往的形似大骆驼的笨重汽车，有了很大改进，但公交车都还是没有空调的；而给我们的学生配备的“宇通车”是进口车中的高档轿车，配有空调，很是舒适。

这些都要感谢卡斯特罗。

学校是全封闭式管理，采取小班教学，10 个学生一个班，配备一个教学老师、一个生活老师。老师们也全部住校，每月轮流有一次休假，可回家几天。这些老师责任心很强，教学认真，从晨会到晚自习，陪伴在学生身边，全天候进行辅导。学生赖床没去上课，老师会督促；学生考试没通过，老师会补课；有些学生知难欲退，老师却不放弃，他们明确告诉学生，卡斯特罗交给他们的任务就是让所有学生学有所成，“一个不能少”。

生活待遇方面，古方也尽力做了最好安排。学校有洗衣房、校医室；有专人打扫宿舍卫生；食堂有专人负责洗碗；每月发放各种生活用品，包括洗发液、洗衣粉、牙膏、香皂、洗衣皂、卫生纸等等；男生发剃须刀，女生发卫生巾；生活中的必需品一应俱全。此外每人还发 100 比索零用钱。钱虽不多，却是古巴人三分之一的月工资数，作为零花钱，在古巴人看来实在不少了。

再说伙食。古巴还处在短缺经济时代，居民日常食品和生活必需品供应是定量的，每户有一个供应本，一如中国改革开放之前的做法。在古巴人民每月只有极少按定量供应肉类的情况下，我们的学生每天可以吃到荤菜，或鸡腿，或猪肉牛肉等。每餐有饮料或水果，晚上还会加餐发放酸奶。苹果中国孩子吃得多了，不以为然，但要知道，在古巴是需要进口的，是要花费外汇的。可以说，古巴政府给中国学生的待遇有如对婴幼儿般的呵护，是尽了全力的。

我们的学生绝大多数是好的，很珍惜这次难得的机会。的确，在中国的中西部地区，有多少孩子能有公费出国的机会呢？！但第一次离家，一走就走了这么远，万里迢迢，对我们这代独生子女是一个很大的考验。想家、生活上不会自理、不习惯古巴的饭菜、生活单调，还有些人不适应集体生活，不会处理人际关系，出现了不少

结业典礼与学生在一起。

问题。不到一年时间，已有数位学生提出退学回国。看来，古巴想让“一个不能少”的毕业打算会打些折扣了。

项目在执行中，也反映出一些问题。比如，古方的设想是为中国贫困家庭的孩子提供学习机会，但这代孩子多是娇生惯养，没有吃过苦，一些家长也表现出过分的溺爱，太多的担心，不断应孩子要求寄钱寄物，既给家庭增加了负担，也造成很不好的影响。曾有古巴同志对我说，古巴接收了世界上近百个国家的留学生，但没有任何一个国家的留学生有中国学生如此多的钱和物。他们不需要那么多的钱买那么多不需要的东西。有的同学拥有菲德尔（即卡斯特罗）年薪数十倍的现金，看上去家长是在帮助他们，实际上是在破坏我们的教育环境。有人有数千欧元，有人一分钱没有，而我们的建校理念是大家没有差距。孩子已经成人，应该对自己、对家庭、对国家负起责任。

古巴同志的话不该引起我们的思考吗？

二、古方为中国留学生过春节

2007 年的春节，使馆为我们的留学生举办了一次专场春节招待会。那时人还不是太多，有 310 人，其中古巴单方面奖学金项目 210 人，两国政府互派留学生 100 人。但在古巴这样一个小国，有这么多中国留学生，且都是公费留学生，已是空前的了。学生们为能来中国使馆看看，并吃上地道的中国饭菜，都兴奋不已。不少人多年后还念念不忘地提及，长时间吃的都是古巴饭，能在使馆吃到刚出锅的肉包子、色泽可人的熏鸡腿、老汤秘制的酱牛肉是何等的美味！到了 2008 年春节，我们的学生大增，已达到 1300 多人，使馆的场地实在是容纳不下了，于是我们和古方商妥，由他们组织学生过春节。

古方对过节一事非常重视。卡斯特罗有指示，那么多孩子首次离家，一定要让他们在古巴过好节，聊补思乡之苦。节前，卡斯特罗协理组组长梅嫩德斯和中国学生项目主管利塞特专门请我前去和他们一起研究确定了学生过春节的方案。

古方准备除夕这天在塔拉拉城（一期和三期 900 多学生所在地）、圣地亚哥·菲格罗亚学校（二期学生所在地；再让在 COJIMAR 国际学校学习的 100 多大学生也过去，共 300 多人）和马坦萨斯（几十名学医的学生在那里）分三处搞庆祝活动。

活动的日程是：早 7：00 起床看“春晚”；下午自由活动；重头戏在晚上：19：00 会餐；22：00 联欢会。

会餐准备搞得丰盛一些，按照中国人的习惯，鸡鸭鱼肉全要有。

听到这里，我笑了。他们这是从哪里得到的信息？

利塞特告诉我，是询问的学生。他们掰着手指数的：pollo（鸡）、pato（鸭）、pescado（鱼）、carne（肉）……

我们一起大笑了起来。我想，这是在练习单词呐？幸亏他们会的词汇还不多，要不，还不得把满汉全席全点了？！

他们接着告诉我，还要上饺子。

我问他们，怎么包饺子啊？让学生包？得包多少啊？

梅嫩德斯得意地说，在轻工业部发现了包饺子机，不用学生动手，每人保证能吃到几个，意思到了就成了。

就饺子问题，他们征求我的意见，用奶酪作馅如何？

晕！这中国人能接受吗？！

我告诉他们，中国人喜欢用肉和蔬菜做馅，再加些葱姜调料。他们接受了我的意见。

因为使馆自己也要搞会餐庆祝，我们商定晚上的联欢会使馆分两组人员到两处学生集中的学校参加活动，我到主会场“塔拉拉”，文化参赞到圣地亚哥·菲格罗亚学校。

“塔拉拉”的联欢会在中心广场举行。舞台的一边还安装了一个足有八、九十英吋的大液晶显示屏，同步播放现场录像。没想到他们还能搞到如此高级的设备。

前来参加活动的，除了中国使馆人员，还有我们的新华社记者；古方梅嫩德斯夫妇、利塞特夫妇、高教部副部长、外交部亚大司长白诗德夫妇等。华裔将军邵黄夫妇和学生们一起会餐，没有出席联欢会。

学生演出之前，让我讲话。因为没有安排翻译，学生又多数才学了 3 个月西班牙语，我只好用中文讲，再简要地用西语向古方在座人员说一说，主要也是利用这个机会对学生做做工作。

演出搞得一般，没有太出色的节目。除了中文歌曲外，西语节目不少，有诗朗诵、活报剧、歌曲、舞蹈。诗朗诵是背下来的，发音还差些；古巴舞跳得就更不到位了，虽然穿上了专门借来的大摆舞裙，但腰肢的扭动太僵硬，这也是中国人的弱项，能像古巴人那样灵活扭腰摆臀的中国人太少了，这得从小锻炼；歌曲有一个女孩唱得不错，无论歌喉还是吐字，都很精彩，一问果然不是刚学西语的学生，是位已毕业在职人员来培训的。但不管演出水平如何，大家看得很高兴，能在异国他乡有这样一台节目已很不错了！

联欢会在午夜的礼花声中达到高潮。古巴人真是很会搞气氛，也很大气，在这方面你不得不服。

12 点，这是我们农历新年的交子时，在中国会敲响辞旧迎新的午夜钟声，会听到不绝于耳的鞭炮齐鸣，但我们也还没有为了这一刻而燃放礼花。在看到突然绽放在夜空中的绚丽礼花时，孩子们禁不住尖声叫了起来，古巴人真的给了我们一个大大的惊喜！礼花燃放了有 10 多分钟，孩子们的欢呼声也基本没停。礼花确实漂亮，而且就在你的头顶，这样近距离的观看真是挺享受。我们的孩子们来自中西部地区，除了在影视节目中，这样真切的看到礼花的时候不会多，他们怎么能不高兴呢？！

10 多分钟的燃放，该是一笔不菲的费用，我们算了算，按人民币计算怎么也得耗费数万元。为了千名学生，这样的花费算得上奢侈了，而花费钱的又是并不富裕的古巴。

这令我们非常感动。我们对卡斯特罗、对古巴政府只有感激。

其实真的不用给中国学生那么多额外的关照。希望这次活动能让我们的学生感受到古方的良苦用心，也希望这些学生将来能成为中古友好的使者。

三、关于塔拉拉城的一些情况

塔拉拉城（Ciudad de Tarará），中国留古学生集中所在地。

塔拉拉，位于东哈瓦那，距市区30公里，是一个大型别墅度假村，由古巴外交人员服务局管理。那里拥有柔软洁白的海滩，大片碧绿的草坪，上百栋不同建筑风格的别墅。度假村封闭式管理，入城需经门卫审核、登记，我们的学生在此很安全。

这里在上世纪七十年代叫做“国际共青城”，是古巴提供给盟友经互会成员国人员休息、度假的地方。加勒比海的风情为古巴加分不少。每年，当时苏联、东欧等国都会派他们的大、中学生代表来此度假、联谊，此做法一直延续至九十年代初苏东垮台。

1986年，切尔诺贝利核事故发生后，卡斯特罗当即表示，接收受辐射影响的伤残人员来古巴疗养，而疗养地就是塔拉拉城。卡斯特罗的一句承诺，兑现了近30年，至今在塔拉拉海边，仍可看到因那次核污染造成伤残来此疗养的人们，多是十几岁的孩子，应该是第二代受害者了。古巴还为他们在城里修建了特殊教育学校，供他们在此学习。

上世纪九十年代初，受苏东垮台的影响，古巴进入“特殊时期”，经济遇到严重困难，塔拉拉城也变得“门前冷落车马稀”，几乎所有的运行都停止了。十几年的荒废，使得多数房屋看上去已显得破旧。直到进入新世纪后，不少别墅才开始修复，一批房屋开始出租给驻古巴使团以及外资企业人员。这里采取公寓式管理，每间别墅配有固定的管家，负责清洁卫生及打理。加上优雅的环境，住在这里很舒适。

随着入住人员的不断增多，特别是中国学生的到来，城内的会

塔拉拉度假村门前的标志“塔拉拉城”。

三期学生宿舍楼，墙上“总司令请下令”字样和卡斯特罗肖像。

四、五期学生所在“海豚”校区。

议中心、体育场、游泳池、码头、游艇俱乐部、餐厅、酒吧、咖啡屋、俱乐部、超市、医院、教堂等附属设施也逐一恢复使用，使这个昔日的度假胜地又现活力。

中国留古学生项目启动后，遵卡斯特罗的指示，很快即开始在塔拉拉城为中国学生建校区。第一、二期学生在新校区未建好之前被暂时安排在现成的校舍中过渡。

塔拉拉城很大，有的是空地。古方在城中分三个地方建了校区，第一、二期学生的校区建在一起，以中间的篮球场为界，分别是蜂鸟区和火烈鸟区，建成后孩子们就从临时校舍搬迁至此；第二个建成的是靠近塔拉拉城入口的蝴蝶校区，红色的宿舍楼面对通往哈瓦那的大道，楼外墙体正中绘有卡斯特罗的肖像，上面有“总司令请下令”的字样，格外引人注目；城中一个小山丘上是最后建成的海豚校区，所有的建筑都漆成了海水般的浅蓝色，与校区名称相呼应。

每个校区都分别建有宿舍区、教学区、食堂和体育活动场所。同学们还可到城内的足球场、体育场健身。

为了保证几千名中国学生的餐饮，塔拉拉还建了一个配餐中心，他们也为不少餐馆备餐，还为周边的一些单位提供备餐服务。

塔拉拉城内有属于自己专用的海滩，延绵上千米。海边椰树倒影，绿植成荫，浪涌白沙，海风送爽；海上鸥鸟翔集，锦鳞游泳，波光闪烁，一望无际。站在怡人的沙滩上，眼前是蔚蓝色的大海，天连水尾水连天，长天共大海一色；及近海边，蔚蓝色一步步退后，取而代之的是鲜嫩的翠蓝，一点点向纵深铺开，间或还夹杂着几抹深蓝，不用说，那是海底白沙、水草、礁石涂抹出来的画卷，那样艳丽，却又那样清新。海水清得透亮，低头就能看到海底，令人神清气爽，心旷神怡。足不出城，即可尽享加勒比海的美景，这是何等的美事。古巴是天然浴场。一年四季，气温宜人，下不了水的时候不多。再加上这里没有污染，没有那么多的游人，是再好不过的游泳去处了。

说到游泳，还有一段佳话。

我们的学生入住后，出于对学生人身安全的考虑，学校专门规定，不允许学生下海游泳。为了防止学生违规，连海边的沙滩也不让接近，最多只能在海滨道路上散散步。海滨道旁间隔设有几个警亭，若有学生越界，会被不客气地叫回来。好在来自中西部的学生，会游泳的不多，下海的欲望倒也不是太强烈。

在一次我与劳尔的交谈中，劳尔问及中国学生的情况。当听说孩子们已搬到塔拉拉校区，便问道："他们喜欢那里的大海吧？经常去游泳吗？"

我说，学校很负责任，为了安全起见，没有允许学生下海。

劳尔听了很不满意，说，加勒比海举世闻名，哪有就在海边不让孩子们下海玩一玩的道理。做好安全保护就可以了嘛。

话毕即吩咐有关部门去落实。

有了劳尔的指示，我们的孩子才有了就近领略加勒比海的机会。

学校因此在周末按班级组织中国学生下海游泳，老师们也就又多了一项教学以外的任务。班主任、辅导老师、生活老师、救护人员……保驾护航的就一大堆人。幸亏这里是小班教学，一个班的人员不算多；且并不是所有的学生都想去游泳。就这样老师们也紧张得要命，不时清点人数，唯恐出现意外。

我们的孩子们，知道、或者想到了为了你们过得更快乐，古巴政府和老师们的付出吗？

对于古巴政府的热情和好意，我们怎样回报？

古巴同志说，我们希望得到的回报是，同学们要学习，学习，再学习，将中华传统美德留在古巴，将古巴对中国的友谊带回中国。

四、中国留古学生负责人讲留学生事

中国留古学生项目启动后，最初的负责人是利塞特·卡斯特罗。她是卡斯特罗的外孙女，卡斯特罗协理组成员，礼宾顺序上排在教育部副部长之前。从这样的安排上也可以看出老卡对中国留古学生项目的重视。

利塞特办事认真，贯彻卡斯特罗的指示不打折扣，我们的留学生能有那么好的待遇，受到那么精心的照顾，她是功不可没的。

项目学生名额大增的始末

利塞特给我讲了这个项目从最初商定的800人增加到5千人的内幕。

2008 年 4、5 月间，中国教育部那边给古巴发来信息，称 2008 年中方向古巴派留学生将在 400 人左右。

消息汇总到卡斯特罗那里后，老卡很不高兴，说，玻利维亚那样一个国家在我们这里都有 5 千多留学生，中国那么大的国家，才派 400 人来？！给卡洛斯·米格尔（古巴驻华大使）发个指示，让他去见周济部长（教育部长），问问我们哪件事情没做好，中国干嘛不多派些学生来？

其实，在一、二期 400 多名学生之后，2007 年 11 月第三期又有 840 名学生来古巴，加上每年还有 100 名交换生，同时在古巴的中国学生已近 1400 人，真是不算少了。

我问，大使去找周部长了吗？

利塞特说，怎能不去？！这是总司令的指示啊！立刻就去了。大使去讲了这件事后，周部长很受震动，也很感动，给了非常积极的答复，效果非常好。这不，2008 年来古巴的学生已改为 1 千人了。而且根据卡斯特罗的指示，古巴单方面奖学金项目将共为中方培养 5 千学生。

看来古巴接收 5 千中国学生是参照玻利维亚得来的！玻利维亚一个小国都有 5 千学生，中国怎么也不能少于这个数啊！老卡真是身在古巴，心怀世界，他考虑的都是世界大事，很少算经济帐。

我也向利塞特解释了一下情况，告诉她，古方为中国学生做了很多事，照顾得非常周到，学生们也感觉非常好，绝没有对古方有什么意见。中国派学生少是有一些考虑的。在古巴留学的学生，学习西班牙语，将来主要是面对拉美国家工作。未来几年，古巴为我们培养出 5 千学生，中国国内高等院校也将培养出 5 千西班牙语学生，加起来就是 1 万人。当这 1 万人都毕业时，就业就成问题了。我们培养人才是要用他，培养了不用，岂不是浪费了资源。从目前中国同拉美的关系看，已经有了很大的发展，我们培养人才也要与中拉关系的发展同步才行，要有一个综合的、长远的考虑。

我讲这番话的意思，也是想通过她的口，将中方的想法转达给古方。古巴一番善意，花费了那么大的人力、财力、物力，别闹出些没必要的误会来。

利塞特听了恍然大悟，心里的疙瘩总算解开了，说，原来是这么回事啊，我也总觉得有点什么原因，总司令那么一说，我们就更慌了，还以为是我们哪里做得不好呢。

对于学生们将来的就业问题，利塞特也说，可以让他们除语言外，学习其他专业，扩大就业渠道。

这正是我们的想法。我接过话头说，对。现在古方已对中国学生开设了语言和医学专业，可以再想想办法，多开辟些渠道，扩大范围，多些选择让孩子们挑选，这样他们将来的路就更宽了。

利塞特说，我们正准备这样做。已增加了护理学专业，还准备增加旅游学、教育学等。我们会认真研究这个问题的。

利塞特为这个项目去了中国。在北京时，拜访了周济部长，向周部长详细介绍了这个项目的形成、设想和运作情况，特别强调这是一个穷人帮穷人的项目，希望这个项目能帮助中国中西部地区一些贫困家庭、农民家庭的孩子圆了大学梦，享有接受高等教育的机会。称这才是我们办这个项目的初衷。

周济部长对介绍很感兴趣，也是第一次真正了解这个项目。他很感慨，也很赞赏，并明确表态，这是个非常好的项目，我们大力支持。

对中国留学生的管理问题

利塞特说，卡斯特罗对中国留学生事非常关切，每天要听汇报。他们中国留学生办公室专门有个班子，每天整理简报，有时一天就有几期。利塞特非常可爱地说，不过大使你放心，我们汇报的都是好事、高兴的事，有什么问题我们自己处理解决，不会让总司令操心的。

说到这里，我们都哈哈大笑起来。

利塞特说，总司令对这个项目很满意，可为此骄傲、自豪了。中国学生勤奋、刻苦，加上聪明、自律，是所有留学生中表现和学习最好的。

听她这样一说，我能想象得到，中国的孩子们在老卡的心目中简直就是一朵花一样，好的一塌糊涂。我禁不住又笑了。

五、参观古巴医学院中国留学生分部

2008 年 10 月，在利塞特的陪同上，我们去看望了学习医学的中国留学生，了解学生情况。

学医的学生在古巴单方面奖学金生中占的比例不大，一、二、三期加在一起不过 140 多人。但学生们的精神面貌很好，心态平和，学习踏实，生活也很有秩序，生活环境干净整齐，感觉上比在塔拉拉的学生要好。

医学院分部在马坦萨斯省的大哈奎市（Jagüey Grande），离哈瓦那约 150 公里。路不难走，沿着中央公路向东直走至 135 公里处向左拐上岔道前行不远就可看到学校的楼房了。

这个校区和一、二期学生所在的圣地亚哥·菲格罗亚学校一个模式，都是两幢 3 层小楼，漆成淡淡的绿色，一个楼是教学区，一个楼是宿舍，中间有一个操场。这里以前曾是眼科医院，医疗设施齐全，可供学生学习和实习用。学校还有一个不错的礼堂（类似我们的阶梯教室），可以搞活动；饭厅也很不错，伙食水平在几个学校中是最好的，学生都很满意。这一天的午餐是：玉米蔬菜浓汤、炒鸡丁、炒肉片、什锦炒饭，餐后水果是木瓜，还有冰淇淋，饮料是芒果汁，每人还发了一包膨化小食品，真是很丰盛。难怪学校负责人得意地说，孩子们回中国探亲，还惦记着古巴餐呢。

分部负责人是一位30多岁的小伙子，利塞特的校友，曾搞共青盟工作，看上去精明强干，很负责任，很敬业。他先给我们介绍了学校情况，从硬件设施，到课程设置，条理清晰；对学生的管理也很到位，既关心爱护，也对他们有要求，学生们都很喜欢他。在饭厅见到一个来探亲的家长，也直夸校长对孩子好，说这下回去就放心了。

在古巴学医不是件容易事。试想一下，那些拗口的医学术语，中文还难搞清是什么意思呢，用西班牙语来学，能轻松吗？！

但古巴的教学挺有一套。才学了一年的医学生，已掌握了不少实际知识。在这里学习的同时，学校给每个学生在附近社区确定一个联系家庭，也算家庭医生吧。孩子们经常去自己联系的家庭，询问家庭成员健康情况，既有助于学习，也练习了语言，还与当地民众加深了感情，一举多得。这些家庭对我们的孩子们也非常好，视他们为家庭成员，有了好吃的、好事情都不忘叫上他们，有了病痛也真找他们，一点没有对实习医生的不信任。当然，孩子们还有老师指导，不会出大错的。

在古巴学医，学的是全科医生，六年学下来，基本上什么病都能看了，还能动手术，一个人就能开一个医院。这对中西部地区缺医少药的地方真是太需要了。这也是古巴医生在援外时的优势所在。

古巴的老师都极负责任。老师和学生一样住校，一两个月才有一次可以回家休假的机会。平时，除了上课以外，学生24小时可以找老师辅导。有时老师觉得某个学生没有学懂，会追着给他吃小灶，单独补课。学生还跟着老师出诊、值班。学校本身也是医院，接待

作者夫妇与古巴医学院中国留学生合影。

作者夫妇与医学院的古巴老师合影（左三为中国留学生项目负责人利塞特）。

病人。学生们实习、观摩的机会就很多。有时有急诊，学生也会跟着值班老师去病人家，这样的助手当多了，自然经验也就积累下来了。古巴这种教学模式值得学习。

校长介绍完情况后，我们在学校实地转了一圈。在教学楼，有几个学生已在等候，准备为我们讲解。孩子们问，用汉语讲，还是西语讲？我们选择了西语，这样陪同的老师可以听听，我们也能考察一下学生们的西语水平。他们讲得还真不错，虽是事先有所准备，背了台词，但发音、回答提问也都很像样了，尤其是第一期的两个孩子，已能讲很多，确实不容易。

我们看了诊室、化验室、X 光室、B 超室，甚至还有一间针灸室。除了医疗设备外，还有不少人体模型，有胸腔打开的，心、肝、肺可以一块块拿下来进行研究，看着瘆人；有脖子缺一块的，里面的肌肉、血管暴露在外，红的、紫的、蓝的，一束束看着就紧张；有孕妇肚子开着的，子宫内胎儿清晰可见；有人体的完整骨架，也有让学生练习扎静脉的仿真手臂，摸上去手感还真像是摸着人的胳膊；甚至有产妇临产的橡胶模特，用手按一下肚子，阴道口就张开，教学生怎样接生和处置新生儿……

学校还专门安排了一个学生联系的年轻家庭与他们的小医生一起讲情况，让我们对他们的这种做法有了更直观的概念。小夫妻与我们的学生关系很不错，逢年过节会邀学生去他家共度节日；学生没事时，自己也经常跑去串门，给他们讲卫生常识，防病知识等，挺像那么回事。

学生宿舍也很干净、整洁。一间宿舍住 6–8 人。学校给每个房间配备了扫帚、拖把，室内卫生由学生自己负责；公共场所有清洁工。让孩子们自己打扫卫生没什么不好，他们自己付出了劳动，会更注意集体卫生。我们的孩子多是独生子女，以前很少做家务，生活都是家长包办料理的，自我管理能力很差。很多孩子生活杂乱无章，丢三落四，经常丢东西。学校在教学的同时也注意对学生生活能力的培养，确实不错。

学校还专门留出一间不小的房间作为学生用厨房，里面有冰箱、灶具等，想换换口味时，孩子们可以在这里自己做中餐。每次可容纳 10 名学生同时做饭。校长戏称，谁表现好，可以奖励来此做中餐。

我们看了看冰箱，里面装满了冻鸡、冻肉，看来这一招儿还是很受学生欢迎的。用过厨房后，台面由学生们自己清扫干净，其他卫生由清洁工搞，分工也很明确。校长说，采取这一措施后，学校用电大大节约，因为以前孩子们偷着用电炉做饭，用电量大，且不安全，现在这个问题解决了。

我们和学生们一起吃了午饭。饭后，学校为我们搞了一个欢迎仪式。先是学生代表讲话，随后表演节目，有唱歌，小伙子大概是学校歌星，学生们很推崇；有舞蹈，跳的是古巴双人舞，跳得不错，身体的扭动已有古巴人的韵味；还有诗朗诵《祖国，请听我说》。会前老师就对这个诗作大加赞赏，称彩排时副校长听着都感动得掉泪了。诗写得真的很好，充满积极向上的气息。副校长在旁又抹起了眼泪，我们看着都很感动。古巴人非常淳朴真实。这也就是在古巴，对我们的东西能有共鸣。

最后，校方请大使讲话。我给他们讲了些鼓励的话，也对古方和校方的努力表示真诚的感谢。讲的时候，忽然联想起毛主席的一段话，于是也作为赠言送给了孩子们：世界是你们的，也是我们的，但是归根结底是你们的。你们青年人，朝气蓬勃，正在兴旺时期，好像早晨八九点钟的太阳，希望寄托在你们身上。

毛主席的这段名言，引起在场师生的热烈掌声。

六、古巴高等教育部长谈中国留学生项目事

2009 年 9 月 14 日，是第五期中国留古新生开学日，我被邀请出席开学典礼并讲话。

这次，中方对这个项目的积极性被充分调动起来了，第一次完成了一次性招生 1 千人的计划，而且也是第一次将留学古巴纳入中国高考框架招生。学生在高招时自愿报名，分数至少要上二本线；各省招生名额也是公示的，生源较以前更好。据国家留学基金委的同志介绍，今年来古巴的学生，多数是上了一本线的，一半以上省份的学生全部在一本线以上，光各地高考状元就有好几个，今天代表新生发言的就是重庆高考文科状元。

来参加开学典礼的古方人员级别很高，高等教育部长米格尔·迪亚斯·卡内尔（Miguel Díaz Canel Bermúdez）及几位副部长、哈瓦那大学校长古斯塔沃·科布雷伊罗（Gustavo Cobreiro Suárez）等都来了。米格尔是我的老朋友了，他是古共中央政治局委员，原任奥尔金省的省委书记，我两次去该省访问都与他见面交谈，关系不错。2009 年上半年他从省里调到高教部任部长；2012 年被任命为古巴部长会议副主席（相当于副总理）；2013 年初在古巴全国人民政权代表大会上，当选为国务委员会第一副主席，成为劳尔的副手。

在开学典礼开始前，米格尔对我讲了古方对外国留学生项目的考虑。因当时的国际金融危机，特别是 2008 年几场飓风灾害的影响，古巴的经济非常困难，各方面的预算都在大幅削减。全体国民都在勒紧裤腰带，准备过一段苦日子。在这种情况下，劳尔主席做出决定，暂时减少对外国留学生奖学金的名额。对其他国家的留学生，古方今年已大幅压缩接收数量；在读学生（以学医的学生居多），

在完成医学专业学习的情况下，提前回国，在各自国家进行最后阶段的实习（以往实习是在古巴进行的，医学生实习期为一年），这样古巴可以减少些经济上的压力。对中国学生，经再三考虑研究，还是作为一个特例处理，仍按计划接收 1000 名；已在读学生继续学业，直至毕业。但今后的计划要做些调整，暂不招生。米格尔向我强调，这样做是迫于当前的经济形势，这个计划只是暂缓执行，并不是取消。何时再启动，要视古巴经济情况好转后再决定。望中方理解古方的困难。

古巴经济上出现严重困难，居民的定量供应已减少，这些情况我们都知道。能按原计划接收我们的学生，确实难为他们了。据有关人员告诉我，一个中国学生在古巴学习期间的日消费成本为 27 个红比索，相当于 30 多美元，一年一人要花费 1 万多美元，真是不算少了。

我对米格尔说，请放心，对古巴政府作出这样的决定我们完全理解，同时，我们还要感谢古方对中国学生的特殊照顾和大力支持。我会把有关情况及时报告国内。

古巴政府单方面奖学金项目于 2006 年 9 月启动，到 2009 年 9 月已满 3 年。在此期间，来古巴学习的中国学生人数共有 3575 人。一年期进修和学习的学生学成回国的有近 900 人，还有 60 多名因病、或因学习困难等各种原因退学的，此两项加起来是 961 人；尚在古巴学习的还有 2614 人（人数计算到 2009 年 10 月 12 日最后一批学生抵达）。

但是我想，老卡要为中国培养 5 千人的计划大概到此为止了。明年停下来，以后估计没人会再重提此事。项目执行了 3 年，中方热情才起，却要就此中断，也是怪遗憾的。

在交谈中，米格尔告诉我，古巴正在进行机构改革，国务委员会原有一些办公室均被取消，合并到相关部委。利塞特负责的中国

与时任古巴高教部长米格尔·迪亚斯－卡内尔。

在第五批留古学生开学典礼上讲话。

留学生项目办公室已并入高教部，由副部长圣丁（Santín）负责。利塞特的工作已另有安排。

利塞特对这个项目情况熟悉，对中国也很有感情，工作热情高涨，这些都是做好工作的要素，她的离去对我们的留学生工作可说是个损失。

2016年7月12日，这个项目在古巴学习的最后一批中国留学生（51名医学生和1名护理专业学生）获得了哈瓦那大学的毕业证书。至此，历时10年的古巴政府向中国提供的单方面奖学金项目圆满结束。

卡斯特罗在有生之年看到他关注的中国学子们学业有成，一定会感到欣慰了。

第七章　告别老卡，友谊长存

一、向卡斯特罗辞行

结束在古巴 4 年零 1 个月的工作，我们定于 2009 年 12 月 11 日清晨离开古巴回国。10 日成了我在古巴的最后时光，却没有想到变成了异常繁忙的工作日。古方为我离任安排的一系列辞行活动，在这一天达到高潮，授勋、见老卡、见劳尔、见古巴驻委内瑞拉大使，直干到夜晚 11 点，算是为我在古巴的工作画了个非常圆满的句号。

接受友谊勋章

上午 9 点，古巴外交部为我举行授勋仪式，代表古巴国务委员会向我授予友谊勋章，邀请使团长和驻古巴的亚洲使节出席。古巴

作者夫妇与卡斯特罗

对外友协会长肯妮亚告诉我，向驻古巴使节授予友谊勋章，是表达古方对使节在古巴工作的肯定和表彰，授勋比例在 10% 左右。今年，我是第二位获得授勋的使节。

在授勋仪式上，古巴外交部亚大司长白诗德代表外交部致辞，把我从事外交工作以来的经历列数了一遍，特别是我在国内外交部拉美司从事的与古巴有关的工作也说到了，还真详细，不得不佩服古巴人的调研能力。讲话中对我在古巴的工作也是大加赞赏，看来，古方对我这四年的工作还是非常认可的。这也让我欣慰，总算没有辜负党和国家的期望。

外长布鲁诺前一天晚上才从国外出差回来，是因为他坚持要亲自为我授勋才把仪式安排在了最后一天。布鲁诺比起他的前任要严肃得多，是个认真谨慎、不苟言笑的人，但对我很亲切，我们是很相熟的老朋友了。

外长为我佩戴上勋章。这是一枚比我们的一元硬币大一号的金色圆牌，沉甸甸的，正面雕有一圈麻花形的装饰环，环中间上方是一枚五角星，下方书写着“友谊”字样；勋章背面是古巴国徽，并有“古巴共和国国务委员会”字样。圆牌垂挂在一个折成五边形的红白蓝三色绶带下，这是古巴国旗的颜色。除了这枚配有绶带的勋章，还另有一个自成一体的长方形小绶带，也是红白蓝三色，可配戴在勋章上方，也可单独配戴，算是勋章的附件吧。

这枚勋章成为我出使古巴的纪念。

向老卡辞行

这是我渴望的一件事情。

从古巴离任，我下一任的工作是要去委内瑞拉任大使。卡斯特罗对委内瑞拉总统查韦斯爱如其子，查韦斯对老卡也是言听计从。

作者夫妇与卡斯特罗话别。

如有卡斯特罗的介绍，对我今后的工作会有极大的帮助，我需要借力。而在查韦斯面前，谁能有卡斯特罗这般神力呢？！庆幸的是，几年来我与老卡有着较亲密的交往，我还是可以争取一下的。

在向古方提交的请求辞行人员名单上，我写上了卡斯特罗，但我知道，在安排上肯定有难度。

古巴官方对病后卡斯特罗的会见安排掌握得很紧，很多到访的他国总统也不见得能见到他，还没听说卡斯特罗生病后会见过哪位离任大使。

事情果然如我所料。辞行期间（约有一个月的时间），礼宾司那边安排了各位部长、部长会议副主席、人大副主席、国务委员会副主席、直至第一副主席马查多的会见，都很顺利的进行了。古方也向我预告了劳尔将会见我。但卡斯特罗会见的事却迟迟没有消息。

直到12月9日晚上近10点，卡斯特罗的大秘书、古共中央意识形态部部长阿方索的电话终于到了。

寒暄过后，阿方索直截了当地告诉我，总司令要见见你。

我说，太好了，我要向总司令告别。

阿方索告诉我，10日上午11点10分会有车来接我。

10日，从外交部的授勋仪式返回，已是上午10点多钟了。

11点10分，老卡的车准时到达。阿方索亲自来接我和夫人前往。

一路上，我们的谈话不时被阿方索的电话打断。看得出，他真是个大忙人。给卡斯特罗当秘书，不是件轻松的事情。

11点半，我们到达卡斯特罗的住所。达莉亚依然是在内院门边等着我们，陪同我们进屋。

还是上次见面的那个一进门的客厅，还是那套浅藕荷色的摇椅，一切都已很熟悉。厅内的电视正开着，却不是古巴的电视节目，而是委内瑞拉的电视台（这是后来在聊天中老卡告诉我们的）。大概看到我们抵达了，电视被调成了静音。

只见卡斯特罗站在他那高大的专用座椅前，笑呵呵地迎接我们。上次见到的那位棕褐色皮肤的混血小伙依然在他身边照顾着。卡斯特罗身着一件暗紫红色格子的短袖衬衫、一条藏蓝色的长裤，看上去气色极佳，精神很不错。

我们和老卡握手、问候后，坐到了上次坐的位置上。达莉亚和阿方索也各自就位，混血小伙照顾老卡坐下后，悄没声息地退了下去。原以为能和老卡谈上一个小时就差不多了，没想到这一聊就到了下午4点！整整四个半小时，其间还和老卡一起共进午餐，实在是一种殊荣！

与卡斯特罗的谈话

落座后，我先告诉卡斯特罗，给他带来了新茶，很不错，请他品尝。

锡军也告诉他，还带来一盘介绍中国茶文化的DVD，可惜不是西语解说，只有英语。

卡斯特罗将DVD接到手里，一边翻看着一边说，好啊。没有西语没关系，我让他们给我翻译。

随后，卡斯特罗先和我们拉起家常，询问我们是中国哪里的人，那里情况怎样，顺带问了中国不少的地方，包括一些地方的历史，他知道的中国的事情还真不少。之后，卡斯特罗饶有兴趣地谈了很多话题，在几个小时中，大部分的时间是他在侃侃而谈，我们说得很少，多是应询而答，只就委内瑞拉提了几个问题。

关于我赴委内瑞拉工作

卡斯特罗主动谈及我将要赴委内瑞拉工作事。他说，听说你要去委内瑞拉工作，我很高兴。我了解你。你工作高效，知识广泛，很特别，有深度。我已向查韦斯介绍了你，他听了也很高兴。

没想到能得到卡斯特罗如此高的评价，我一再感谢，并表示我要更好地工作，今后也还将继续为推动中古友好合作、为中委各方面合作多做工作。

关于卡斯特罗目前的生活

卡斯特罗讲了他现在的退休生活。他说，我现在每天都要做一些运动、锻炼身体。大约走半小时的路。此外，每天都要通过网络阅读大量的西方消息。

他边说边从身旁的台几上拿起一个足有两寸厚的大简报夹，相同的报夹还有一摞。要看这么多东西，真要用全天的功夫了。老卡一边翻着简报，一边时不时地给我们读上一段消息。看来这就是他的生活常态。

卡斯特罗说，消息看多了，对某个问题就开始关注，我会不断跟踪它，然后就写思考文章。

关于查韦斯和委内瑞拉

卡斯特罗给我详细地介绍了查韦斯和委内瑞拉。

卡斯特罗说，我是 1994 年认识查韦斯的，那时他还没有当选总统。查韦斯有很多优点和长处，他有理想，有热情，胸怀世界，非常聪明，是体制的叛逆者。

卡斯特罗告诉我，查韦斯有 3 个孩子，二女一子，大女儿叫罗莎，二女儿叫玛丽亚，还有一个儿子。

其实，老卡漏讲了查韦斯还有一个十岁左右的三女儿。

卡斯特罗说，委内瑞拉革命意义重大，十分重要。古巴在委内瑞拉有许多技术人员，包括教师和医生。我们也在为查韦斯培养人才，目前已培养了 5 万名社会工作者。

关于美国

卡斯特罗亦十分关注美国的情况。他评论说，最近看到奥巴马在获诺贝尔和平奖时的讲话，以及在西点军校的讲话，奥巴马说向阿富汗增兵是为了阿富汗的和平，这种论调不可思议。不过奥巴马比麦凯恩（曾是奥巴马竞选对手、共和党总统候选人）要好些，麦凯恩比布什还糟。奥巴马上台后形势相对好些。

美国人总认为自己最强、最好，总想奴役其他国家。美国一直想控制拉美，入侵过巴拿马，也入侵过古巴，古巴曾一度沦为美国的附庸；美国一直想长期控制古巴，因此我们的独立战争打得很艰苦，用了很长时间。美国还通过战争吞并了墨西哥近50%的领土，把加利弗尼亚、新墨西哥、德克萨斯等州都划入了美国版图。

关于马蒂之死

卡斯特罗还谈到了古巴的民族英雄、思想家何塞·马蒂。他说，马蒂在古巴的独立战争中发挥了无以伦比的作用。他是共产主义者，不信仰宗教，是无神论者。我信仰马蒂思想。在独立战争期间，马蒂与马塞奥（Maceo）和马克西莫·戈麦斯（Máximo Gómez）将军之间在政策和思想上有分歧，这使得他内心很痛苦。马蒂在战斗中中弹牺牲，我认为他是有意为之，他就是想死，不想再痛苦下去了，也不想再被流放。

对自己的评说

卡斯特罗还对我们讲起他的过往。他说，我出生在庄园主家庭，最初我不是个革命者，对马列主义思想知之不多，但我反对法西斯，反对独裁。大学期间，我学的是法律，也接触了很多政治、经济、社会方面的知识，其中也有马克思主义。从攻打蒙卡达兵营起，我应该算是一个社会主义者了，但在当时形势下，这是不能言说的，说了就会被干掉。那时，我没有参加任何政党。起义失败，我被捕，在狱中又学了不少理论。古巴革命胜利后，我们立刻开始搞社会主义。关于社会主义，我是赞同无产阶级专政的。列宁认为，要在无产阶级专政的基础上搞社会主义，解放生产力。我赞同这个观点。

与老卡夫妇共度的时光

2：30，卡斯特罗对夫人达莉亚说“方便一下”，混血小伙马上过来，上前扶住老卡，和夫人一起，进了我们所在客厅旁边的房间。

没一会儿，达莉亚出来，对我们说，总司令很高兴，愿意再聊聊。他请你们留下，和我们一起吃午饭，也算为大使夫妇饯行了。

这是我们没有想到的。

锡军有些忐忑地说，时间太长了，总司令累了吧，这样会不会太打扰了？

达莉亚说，不，一点都不打扰，你们没见总司令多高兴？！

这是总司令的邀请，恭敬不如从命。

我说，好，谢谢总司令的邀请，我们也愿再听听总司令的教诲。

达莉亚很周到地指点我们洗手间的方向，便去安排午餐了。

这样，我们有了登堂入室的机会，可以跨过前边这间客厅，看看老卡的家了。

我们谈话的客厅应该算是外厅了，在它的里面是另一个客厅，摆着一套大沙发，还有电视、音响、DVD 机等，看来这是主人一家休息的地方。客厅内侧墙上有两扇大大的欧式风格的彩绘玻璃窗，大朵的花卉黄灿灿的，像是向日葵，很是夺目；但彩绘玻璃影响了房间的采光，厅里显得昏暗了些。墙边的玻璃柜中摆放着不少酒杯、茶具；墙上挂满了照片、绘画，还有各种装饰，风格各异。穿过这间客厅，上两层台阶，左手是上二楼的阶梯，往前是洗手间，还有两个房间关着门，估计是佣人房之类的。加上与客厅一侧相连的餐厅，以及餐厅里侧的厨房，一楼的布局大致如此了。

老卡过了约一刻钟才出来。卡斯特罗如今腿脚不便，应该不会居住在二楼了，估计那房间就是他的寝室。

午饭很快就端上来了，看来主人早有准备。我们俩和达莉亚、阿方索是同样的菜式：蔬菜加海鲜的开胃头盘，奶油南瓜汤，主菜是软煎鱼排，外加佐餐的炸香蕉片、薄脆饼干、蕉叶玉米粽子（tamal，用玉米面做成，中间包有菜馅；以香蕉叶包裹蒸熟，带有蕉叶的清香；玉米面用的是糯玉米，因此吃起来很像中国的江米粽子，很好吃），饭后甜点上的是慕斯冰激凌。很典型、很规范的西餐。每一道的量都不大，恰到好处，但都做得很精致，也很可口。

席间，卡斯特罗还继续着和我们的谈话。

卡斯特罗问，中国对哥本哈根会议（指12月7—18日联合国世界气候大会，温家宝总理出席）关于气候变化的立场是什么啊？你们的排放标准是怎么计算出来的？

我向他介绍了中国对减排的立场，以及坚持“共同但有区别的责任”的原则等情况，并告他，中国承诺将单位排放量减少40–45%。我们的排放标准是根据国家GDP总值折算出来的，但不同发展阶段国家的标准是不同的。

卡斯特罗说，我总觉得这个比较复杂，很难计算。

卡斯特罗还说，今晚查韦斯将到古巴，参加古巴—委内瑞拉双边会议。可惜你明天就要走，见不到他了。波兰科（Polanco，古巴驻委内瑞拉大使）今晚也回来，6点多钟到，你们可以见一下，让他给你介绍一下委内瑞拉的情况。

4点钟，卡斯特罗说，我知道劳尔5点见你，不耽误你的会见。欢迎你今后再来古巴。

我说，我一定会回来看看的，到时候，我要再来拜访您。

我拿出事先准备好的一个盒装雪茄烟和卡斯特罗著名的《历史将宣判我无罪》一书请卡斯特罗为我签字留念。

老卡说，没问题，有多少我都给你签。

卡斯特罗在书上写到：“送给赵荣宪，高效的大使，难忘的朋

友。——菲德尔·卡斯特罗·鲁斯，2009 年 12 月 10 日”

（Para Zhao Rongxian, embajador eficiente y amigo inolvidable. Fidel Castro Ruz Dic. 10 de 2009）

看着老卡赠给我的留言，我很感动。一代伟人，父辈长者，将我称为“难忘的朋友”，实在是一种殊荣，也是古方对我出使古巴的最高褒奖。几年来与卡斯特罗多次零距离的亲密接触是我一段难忘的经历，将令我终生怀念。

在卡斯特罗给我留言期间，达莉亚拿来一个木雕，送给我们作为纪念。

那是用古巴名贵树种桃花心木雕刻成的一头小牛。那应该是一头刚出生不久的小牛犊，它弓着身子，瞪着憨态可掬的大眼睛，四条小腿应该还很软弱，正在努力让自己能够站直，能够挺起身体……木雕线条细腻、流畅，枣红色的木质泛着柔和的光亮，非常漂亮。

拿在手中把玩了一番，看到了贴着木雕底部的一个标签，是古巴著名雕刻家的孤品创作，作品的名字叫“生命”。

是啊，我们已从小牛犊那扭转奋力的形态中体会到了艺术家的寓意，那就是生命的不屈和顽强。这个礼物让我们好喜欢。

在送我们返回的途中，阿方索说，你有我的电话，今后有什么事情，可以随时给我打电话，多晚都行。

这就是我的古巴朋友！我为古巴同志的情谊感动。

晚上，原定 8 点多钟到使馆的波兰科大使因为飞机晚点，9 点多才到。我让厨师为他准备了几样小吃。波兰科下飞机直接去了卡斯特罗那里，然后又由老卡派车将他送来中国使馆。好不容易回到国内，却还不能马上回家，从落地就马不停蹄，够个辛苦。

波兰科 40 多岁，曾多年在古巴共青盟做青年工作，出使前是《起义青年报》社长，该报是除党报《格拉玛》报外古巴第二大报，在古巴，特别是年轻人中影响不小。他是古巴资深的年轻干部，以前我们就有不少交往，是老朋友了。

我们边吃边聊，波兰科向我介绍了不少委内瑞拉的情况，使我还未到任就对那里的近况有了不少了解。他还让我到委内瑞拉后，有事就去找他。看来，卡斯特罗已向他做了指示。这真要感谢老卡。

二、收到卡斯特罗的亲笔信

与卡斯特罗的情谊并没有因为我离开古巴而终止。身在委内瑞拉，依然听到不少他对我的关注和问候，这让我欣慰和感动。

2010 年 5 月 23 日晚（周日），古巴驻委内瑞拉大使波兰科给我打来电话，提出紧急约见，称“你伟大的朋友给你来信了”。

此时我离开古巴已有半年，卡斯特罗会有信给我，这是我没有想到的。因为第二天上午我已有其他活动安排，我们把会见时间定在了早上八点——正式上班之前，因为卡斯特罗的事情我们都不愿耽搁。

波兰科准时抵达使馆，给我带来了老卡的亲笔信。波兰科告诉我，我托他转交的明前新茶西湖龙井，卡斯特罗已经收到了。总司令很高兴，给我写了信，是昨天晚上古巴航空公司的飞机带过来的。

我接过信件。这是一个大大的、素色、印有“菲德尔 • 卡斯特罗 • 鲁斯”名字的老卡专用信封。上面用花体字打上了我的名字。信封的封口用一个金色圆形单面胶封着。

我小心翼翼地打开胶封，拿出装在里面的信笺。共有 4 页 B5 纸大小的信纸，平展展的没有一点折痕，左上角也都印着老卡的名字，是卡斯特罗的专用信笺。其中两页是老卡亲笔书写，用的是纯蓝色墨水，字体有点斜，但看上去刚劲有力，一点不像是出自 80 多岁老人之手；另两页内容相同，是打印出来的，结尾处有老卡的亲笔签名。看来老人是怕我看不清手书，让秘书用电脑打了一份。

卡斯特罗亲笔给我写信，出乎我的意料，这让我很感动。还在古巴时，卡斯特罗就称我为“朋友”，看来，这朋友还真做成了。我没有想到，在我离开古巴之后，我们还会有交往。

信如其人，依旧是我所熟悉的老卡，耄耋之年思考的还是世界大事，关心的还是世界革命，令人感叹。

三、又与卡斯特罗通电话

2011 年 2 月 15 日，我在大使官邸宴请古巴大使波兰科夫妇。

席间，波兰科接听卡斯特罗的电话。听说他正在中国大使家里做客，老卡马上让他把电话给我，说要和我聊一聊。

听到是卡斯特罗的电话，我很高兴。连忙接过电话，向他问候。

我说，总司令，又听到了您的声音，真是高兴！您的身体好吗？祝您身体健康！

老卡说，我现在很好，谢谢你！你到委内瑞拉已有一年多了吧？

我说，对，整整一年了。

卡斯特罗说，我经常见到查韦斯，我们也说到过你，他告诉我，你在那里工作得很好。

我说，谢谢你们的夸奖。这是我应该做的工作。现在中委关系非常好，两国合作也很多，合作范围越来越广泛，可以说目前是两国关系最好时期。

卡斯特罗听了很高兴，说，好，好，这样非常好。

他向我讲了不少他的想法和建设。

接着，他又说，你和波兰科多联系，他对那里情况熟悉，可以

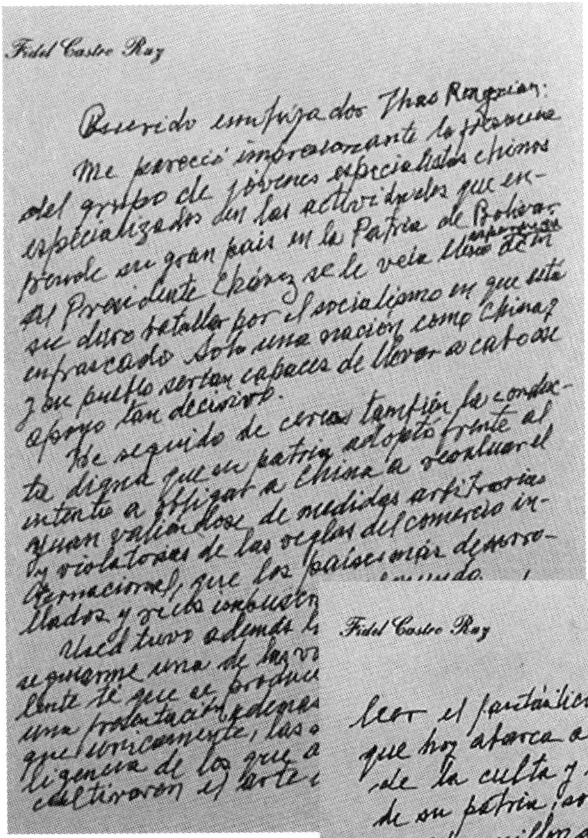
Fidel Castro Ruz

Querido compañero Zhao Rongxian:

Me pareció impresionante la presencia
del grupo de jóvenes especialistas chinos
especializados en las actividades que em-
prende su gran país en la Patria de Bolívar.
Al Presidente Chávez se le veía lleno de
su duro batalla por el socialismo en que está
enfrascado. Sólo una nación como China y
su pueblo serían capaces de llevar a cabo ese
apoyo tan decisivo.

He seguido de cerca también la conduc-
ta digna que su patria adoptó frente al
intento de obligar a China a revaluar el
yuan valiéndose de medidas arbitrarias
y violatorias de las reglas del comercio in-
ternacional, que los países más desarro-
llados y ricos impusieron

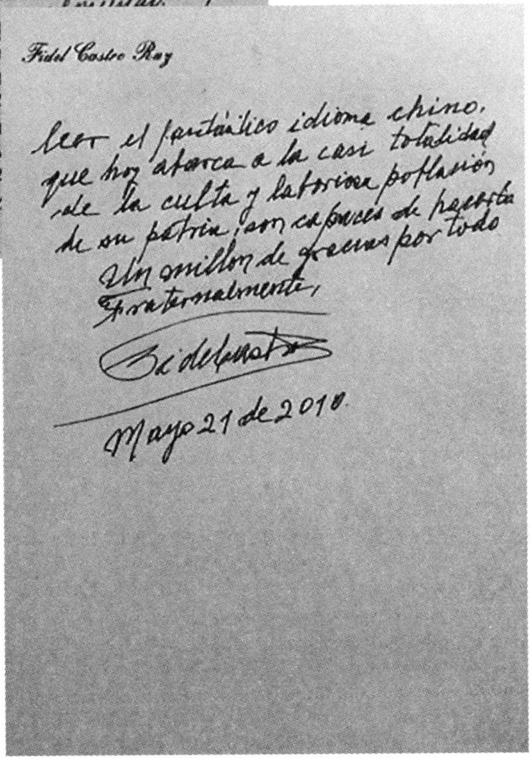
Fidel Castro Ruz

leer el fantástico idioma chino,
que hoy abarca a la casi totalidad
de la culta y laboriosa población
de su patria, son capaces de hacerlo.

Un millón de gracias por todo

Fraternalmente,

Fidel Castro

Mayo 21 de 2010.

2010 年 5 月 23 日，作者
收到卡斯特罗的亲笔信。

帮助你。

我说，我们联系很多，是好朋友。我到委内瑞拉，最先拜访的就是波兰科。

说到这里，我们几个都笑了。

和卡斯特罗通话后，他让我把电话再给波兰科，又对波兰科做了一番多与我联系、沟通的嘱咐才作罢。

耄耋老人，还在时刻关注着世界大事。这就是信仰的力量！卡斯特罗不愧为一个伟大的革命家。

四、王毅外长带来卡斯特罗对我的赞扬

2014 年 4 月，王毅外长访问委内瑞拉，为习近平主席的来访做准备工作。我去机场接他。他访问的前一站是古巴。

走出飞机，我们见面的第一句话，王毅外长就对我说："赵大使，你好！卡斯特罗非常关注你。我们在古巴时，谈到了委内瑞拉的形势，我请卡斯特罗介绍情况。他在介绍后对我说，你们的大使就是从古巴去的委内瑞拉，他很熟悉那里的情况，干得很好，你去向他了解。"

王部长说，看得出来，卡斯特罗一直在关注着你。

我告诉王部长，来委内瑞拉之前，我在古巴工作了四年多，和卡斯特罗的关系很好，至今我们还保持友好往来联系。

王部长听了很惊讶，一副询问的眼神看着我。

我解释说，卡斯特罗对我很好，我来委内瑞拉之前，他专门向我介绍委内瑞拉的情况；我来到委内瑞拉之后，他还给我写过信。每年圣诞节，我通过古巴驻委内瑞拉大使送给卡斯特罗一些中国茶叶、布鞋之类的礼物；卡斯特罗也回赠我雪茄、火鸡、饮料、巧克力等

礼品，四年都是如此。

在会见马杜罗总统时，王部长对他说，我们赵大使是资深的大使，菲德尔说他是我们最好的大使。以后有什么事情，你直接找他就可以了。

马杜罗说，赵大使确实是一位最好的大使，他不仅是菲德尔的朋友，也是查韦斯的朋友。我们一直都有比较好的交流沟通。

王部长在多个场合几次提及此事，看来卡斯特罗的一席话给他留下了深刻的印象。

我没有想到卡斯特罗对我评价如此之高，对他，我是怀着一份对长辈的尊重与热爱。离开古巴四年多了，老卡依然关注着我，这令我十分感动，这份友谊令我终生难忘。

作者夫妇与古巴驻委内瑞拉大使波兰科夫妇。

五、每年一次的祝福

在委内瑞拉的 5 年，每逢圣诞节前夕，我都会为卡斯特罗准备一份圣诞礼物，除了茶叶外，我还会准备一些适合老年人的东西，或布鞋，或睡衣，或家居常服，以此表达我对他的感激和爱戴之情。

送给卡斯特罗的礼物都是通过古巴大使波兰科转交的。古巴和委内瑞拉之间每天都有古巴航空公司的直航班机，波兰科把东西交给他们的机长，当天老卡就可以收到了，很方便。

第一年年末，卡斯特罗以同样的方式（通过古巴航班）给我带来了一大箱礼品，有雪茄烟、朗姆酒、巧克力、番石榴果酱、圣诞蛋糕、各色饼干、各种热带饮料，甚至还有一只硕大的火鸡——过圣诞的食品都全了，整整 23 公斤！箱子应该是放在冷藏货舱中的，拿到使馆时还能感到箱子上的丝丝凉意。古巴大使在飞机抵达第一时间就通知了我，并很快派人送了过来。

我没有想到卡斯特罗会给我回赠礼品。古巴供应不富余，让我占用那么多宝贵的资源，实在于心不忍。对老卡的美意，我只有感激。更没有想到的是，这种回赠竟成了常态！在委内瑞拉工作期间，每年我都会收到来自卡斯特罗的礼物，5 年，年年如此。我永远不会忘记这份沉甸甸的情谊。

图书在版编目（CIP）数据

卡斯特罗时代：中国大使亲历纪实 / 赵荣宪，杨锡军著．—北京：
外文出版社，2018.1
ISBN 978-7-119-11382-1

I. ①卡… II. ①赵… ②杨… III. ①卡斯特罗（Castro, Fidel 1926-2016）
—生平事迹 IV. ① K837.517=6

中国版本图书馆 CIP 数据核字（2018）第 012977 号

出版指导 胡开敏
责任编辑 曹 芸 于晓欧
封面图片提供 新华社图片中心
装帧设计 一瓢文化·邱特聪
印刷监制 冯 浩

卡斯特罗时代——中国大使亲历纪实

赵荣宪 杨锡军 著

出 版 人 徐 步
出版发行 外文出版社有限责任公司
地　　址 北京市西城区百万庄大街 24 号　　**邮政编码** 100037
网　　址 http://www.flp.com.cn　　**电子邮箱** flp@cipg.org.cn
电　　话 008610-68320579（总编室）　　008610-68327750（版权部）
008610-68995852（发行部）　　008610-68996057（编辑部）
印　　刷 北京飞达印刷有限责任公司
开　　本 710mm×1000mm 1/16
印　　张 14.25
版　　次 2018 年 2 月第 1 版第 1 次印刷
书　　号 ISBN 978-7-119-11382-1
定　　价 42.00 元